16	3	2	13
5	10	11	8
9	6	7	12
4	15	14	1

coleção TRANS

Bruno Latour

JAMAIS FOMOS MODERNOS
Ensaio de antropologia simétrica

Tradução
Carlos Irineu da Costa

Revisão técnica
Stelio Marras

editora■34

EDITORA 34

Editora 34 Ltda.
Rua Hungria, 592 Jardim Europa CEP 01455-000
São Paulo - SP Brasil Tel/Fax (11) 3811-6777 www.editora34.com.br

Copyright © Editora 34 Ltda. (edição brasileira), 1994
Nous n'avons jamais été modernes © Éditions La Découverte, Paris, 1991

A FOTOCÓPIA DE QUALQUER FOLHA DESTE LIVRO É ILEGAL E CONFIGURA UMA
APROPRIAÇÃO INDEVIDA DOS DIREITOS INTELECTUAIS E PATRIMONIAIS DO AUTOR.

Edição conforme o Acordo Ortográfico da Língua Portuguesa.

Capa, projeto gráfico e editoração eletrônica:
Bracher & Malta Produção Gráfica

Revisão:
Claudia Moraes

Revisão da tradução (4ª edição):
Raquel Camargo e Stelio Marras

Revisão técnica (4ª edição):
Stelio Marras

1ª Edição - 1994 (4 Reimpressões), 2ª Edição - 2009 (1 Reimpressão),
3ª Edição - 2013 (1 Reimpressão), 4ª Edição - 2019 (2ª Reimpressão - 2025)

CIP - Brasil. Catalogação-na-Fonte
(Sindicato Nacional dos Editores de Livros, RJ, Brasil)

Latour, Bruno, 1947
L383j   Jamais fomos modernos: ensaio de
antropologia simétrica / Bruno Latour; tradução
de Carlos Irineu da Costa; revisão técnica de
Stelio Marras. — São Paulo: Editora 34, 2019
(4ª Edição).
192 p. (Coleção TRANS)

Tradução de: Nous n'avons jamais été modernes

ISBN 978-85-7326-739-6

1. Filosofia francesa. 2. Antropologia.
I. Costa, Carlos Irineu da. II. Marras, Stelio.
III. Título. IV. Série.

CDD - 194

JAMAIS FOMOS MODERNOS
Ensaio de antropologia simétrica

1. Crise 9
2. Constituição 23
3. Revolução 67
4. Relativismo 115
5. Redistribuição 164

Bibliografia 183

Sobre o autor 190

AGRADECIMENTOS

Sem François Gèze eu não teria escrito este ensaio, cujas imperfeições são muitas, mas decerto seriam ainda mais numerosas sem os preciosos conselhos de Gérard De Vries, Francis Chateauraynaud, Isabelle Stengers, Luc Boltanski, Elizabeth Claverie e de meus colegas da École des Mines. Gostaria de agradecer a Harry Collins, Ernan McMullin, Jim Griesemer, Michel Izard, Clifford Geertz e Peter Galison por me terem permitido testar os argumentos aqui contidos durante os diversos seminários que gentilmente organizaram para mim.

para Elizabeth e Luc

1.
CRISE

A proliferação dos híbridos

Na página quatro do jornal, leio que as campanhas de medidas sobre a Antártida vão mal este ano: o buraco na camada de ozônio aumentou perigosamente. Lendo um pouco mais adiante, passo dos químicos que lidam com a alta atmosfera para os executivos da Atochem e Monsanto, que estão modificando suas cadeias de produção para substituir os inocentes clorofluorocarbonetos, acusados de crime contra a ecosfera. Alguns parágrafos à frente, é a vez dos chefes de Estado dos grandes países industrializados se meterem com química, refrigeradores, aerossóis e gases inertes. Mas, embaixo da coluna, eis que os meteorologistas não estão mais de acordo com os químicos e falam sobre flutuações cíclicas. Subitamente os industriais não sabem mais o que fazer. Também os chefes de Estado hesitam. Será preciso esperar? Já é tarde demais? Mais abaixo, os países do Terceiro Mundo e os ecologistas metem sua colher e falam de tratados internacionais, direito das gerações futuras, direito ao desenvolvimento e moratórias.

O mesmo artigo mistura, assim, reações químicas e reações políticas. Um mesmo fio conecta a mais esotérica das ciências e a mais baixa política, o céu mais longínquo e uma determinada usina no subúrbio de Lyon, o perigo mais global e as próximas eleições ou o próximo conselho administrativo. As proporções, as questões, as durações, os atores não são comparáveis e, no entanto, estão todos envolvidos na mesma história.

Na página seis do jornal, fico sabendo que o vírus da AIDS de Paris contaminou o vírus que estava no laboratório do professor Gallo, que os senhores Chirac e Reagan haviam contudo jurado solenemente não questionar novamente o histórico desta descoberta, que as indústrias químicas estão demorando a colocar no mercado remédios fortemente reivindicados por doentes organizados em associações militantes, que a epidemia se dissemina na África negra. Novamente, chefes de Estado, químicos, biólogos, pacientes desesperados e industriais encontram-se envolvidos em uma mesma história incerta.

Na página oito, são computadores e chips controlados pelos japoneses; na página nove, embriões congelados; na página dez, uma floresta em chamas, levando em suas colunas de fumaça espécies raras que alguns naturalistas desejam proteger; na página onze, baleias munidas de colares aos quais são acoplados rádios sinalizadores; ainda na página onze, um aterro de rejeitos do Norte, símbolo da exploração industrial, acaba de ser classificado como reserva ecológica devido à flora rara que lá se desenvolveu. Na página doze, o papa, os bispos, Roussel-Uclaf, as trompas de Falópio e os fundamentalistas texanos reúnem-se em torno do mesmo contraceptivo formando uma estranha legião. Na página quatorze, o número de linhas da televisão de alta definição interconecta o sr. Delors, Thomson, a CEE, as comissões de padronização, os japoneses mais uma vez, e os produtores de filmes. Basta que o padrão da tela seja alterado por umas poucas linhas e bilhões de francos, milhões de televisores, milhares de horas de filmes, centenas de engenheiros, dezenas de executivos dançam.

Felizmente há, no jornal, algumas páginas relaxantes nas quais se fala de política pura (uma reunião do partido radical), e o suplemento de livros onde os romances relatam as aventuras apaixonantes do eu profundo (*je t'aime, moi non plus*). Sem estas páginas calmas, ficaríamos tontos. Multiplicam-se os artigos híbridos que delineiam imbróglios de ciência, política, economia, direito, religião, técnica, ficção. Se a leitura do jornal diário é a reza do homem moderno, quão estranho é o homem que hoje reza lendo estes assuntos embaralhados. Toda a cultura e toda a natureza são aí diariamente reviradas.

Contudo, ninguém parece estar preocupado. As páginas de Economia, Política, Ciências, Livros, Cultura, Religião e Generalidades dividem o layout como se nada acontecesse. O menor vírus da AIDS nos faz passar do sexo ao inconsciente, à África, às culturas de células, ao DNA, a São Francisco; mas os analistas, os pensadores, os jornalistas e todos os que tomam decisões irão cortar a fina rede desenhada pelo vírus em pequenos compartimentos específicos, onde encontraremos apenas ciência, apenas economia, apenas representações sociais, apenas generalidades, apenas piedade, apenas sexo. Pressione o mais inocente dos aerossóis e você será levado à Antártida, e de lá à Universidade da Califórnia em Irvine, às linhas de montagem de Lyon, à química dos gases nobres, e daí talvez até à ONU, mas este fio frágil será cortado em tantos segmentos quantas forem as disciplinas puras: não misturemos o conhecimento, o interesse, a justiça, o poder. Não misturemos o céu e a terra, o global e o local, o humano e o inumano. "Mas esses imbróglios que fazem a mistura — você dirá —, eles tecem nosso mundo?" — "Que sejam como se não existissem", respondem os analistas, que romperam o nó górdio com uma espada bem afiada. O navio está sem rumo: à esquerda, o conhecimento das coisas; à direita, o interesse, o poder e a política dos homens.

Reatando o nó górdio

Há cerca de vinte anos, eu e meus amigos estudamos essas situações estranhas que a cultura intelectual em que vivemos não sabe bem como classificar. Por falta de melhor opção, nos autodenominamos sociólogos, historiadores, economistas, cientistas políticos, filósofos, antropólogos. Mas, a estas disciplinas veneráveis, acrescentamos sempre o genitivo: das ciências e das técnicas. *Science Studies* é a palavra inglesa; ou ainda estes vocábulos por demais pesados: "Ciências, técnicas, sociedades". Qualquer que seja a etiqueta, a questão é sempre a de reatar o nó górdio atravessando, tantas vezes quantas forem necessárias, o corte que separa os conhecimentos exatos e o exercício do poder, digamos a natureza e a cultura. Nós mesmos somos híbridos, instalados precariamente no interior das instituições científicas, meio engenheiros, meio filósofos, um terço instruídos sem que o desejássemos; optamos por

Crise

descrever os imbróglios onde quer que eles nos levem. Nosso meio de transporte é a noção de tradução ou de rede. Mais flexível que a noção de sistema, mais histórica que a de estrutura, mais empírica que a de complexidade, a rede é o fio de Ariadne destas histórias confusas.

No entanto, estes trabalhos continuam sendo incompreensíveis porque são recortados em três de acordo com as categorias usuais dos críticos. Ou dizem respeito à natureza, ou à política, ou ao discurso.

Quando MacKenzie descreve o giroscópio dos mísseis intercontinentais (MacKenzie, 1990), quando Callon descreve os eletrodos das pilhas de combustível (Callon, 1989), quando Hughes descreve o filamento da lâmpada incandescente de Edison (Hughes, 1983a), quando eu descrevo a bactéria do antraz atenuada por Pasteur (Latour, 1984) ou os peptídeos do cérebro de Guillemin (Latour, 1988a), os críticos pensam que estamos falando de técnicas e de ciências. Como estas últimas são, para eles, marginais, ou na melhor das hipóteses manifestam apenas o puro pensamento instrumental e calculista, aqueles que se interessam por política ou pelas almas podem deixá-las de lado. Entretanto, estas pesquisas não dizem respeito à natureza ou ao conhecimento, às coisas-em-si, mas antes a seu envolvimento com nossos coletivos e com os sujeitos. Não estamos falando do pensamento instrumental, mas sim da própria matéria de nossas sociedades. MacKenzie desdobra toda a marinha americana e mesmo os deputados para falar dos giroscópios; Callon mobiliza a EDF e a Renault, assim como grandes temas da política energética francesa, para compreender as trocas de íons na ponta de seu eletrodo; Hughes reconstrói toda a América em torno do fio incandescente da lâmpada de Edison; toda a sociedade francesa do século XIX vem junto se puxamos as bactérias de Pasteur, e torna-se impossível compreender os peptídeos do cérebro sem acoplar a eles uma comunidade científica, instrumentos, práticas, diversos problemas que pouco lembram a matéria cinza e o cálculo.

"Mas então, isso é política? Vocês reduzem a verdade científica a interesses e a eficácia técnica a manobras políticas?" Eis aí o segundo mal-entendido. Se os fatos não ocuparem o lugar ao mesmo tempo marginal e sagrado que nossas adorações reservam para eles, imediatamente são reduzidos a meras contingências locais e míseras negociatas. Contudo, não estamos falando do contexto social e dos interesses do poder, mas sim de seu envolvimento nos coletivos e nos objetos. A organização da marinha americana será profundamente modificada pela aliança feita entre seus escritórios e suas bombas; EDF e Renault se tornarão irreconhecíveis de acordo com sua decisão de investirem na pilha de combustível ou no motor a explosão. A América não será a mesma antes e depois da eletricidade; o contexto social do século XIX não será o mesmo se for construído com pobres coitados ou com pobres infestados por micróbios; quanto ao sujeito inconsciente estendido sobre seu divã, como será diferente caso seu cérebro seco descarregue neurotransmissores ou caso seu cérebro úmido secrete hormônios. Nenhum destes estudos pode reutilizar aquilo que os sociólogos, psicólogos ou economistas nos dizem do contexto social para aplicá-lo às ciências exatas. A cada vez, tanto o contexto quanto a pessoa humana encontram-se redefinidos. Assim como os epistemólogos não reconhecem mais, nas coisas coletivizadas que lhes oferecemos, as ideias, conceitos e teorias de sua infância, também as ciências humanas não saberiam reconhecer, nestes coletivos abarrotados de coisas que nós desdobramos, os jogos de poder de sua adolescência militante. Tanto à esquerda quanto à direita, as finas redes traçadas pela pequena mão de Ariadne continuam a ser mais invisíveis do que aquelas tecidas pelas aranhas.

"Mas se vocês não falam nem das coisas-em-si e nem dos humanos-entre-eles, quer dizer que vocês falam apenas do discurso, da representação, da linguagem, dos textos." Esse é o terceiro mal-entendido. Aqueles que colocam entre parênteses o referente externo — a natureza das coisas — e o locutor — o contexto pragmático ou social — só podem mesmo falar dos efeitos de sentido e dos jogos de linguagem. Entretanto, quando MacKenzie perscruta a evolução do giroscópio, está falando sobre agenciamentos que podem matar a todos nós; quando Callon segue o rastro dos artigos científicos, ele fala de estratégia industrial, ao mesmo tempo em que fala de retórica (Callon, Law e Rip, 1986); quando Hughes analisa os cadernos de notas de Edison, o mundo interior de

Crise

13

Menlo Park logo se tornará o mundo exterior de toda a América; quando descrevo a domesticação dos micróbios por Pasteur, mobilizo a sociedade do século XIX, e não apenas a semiótica dos textos de um grande homem; quando descrevo a invenção-descoberta dos peptídeos do cérebro, falo de fato dos peptídeos em si, e não simplesmente de sua representação no laboratório do professor Guillemin. É verdade, entretanto, que se trata de retórica, estratégia textual, escrita, contextualização e semiótica, mas de uma nova forma que se conecta ao mesmo tempo à natureza das coisas e ao contexto social, sem contudo reduzir-se nem a uma coisa nem a outra.

Nossa vida intelectual é decididamente mal construída. A epistemologia, as ciências sociais, as ciências do texto, todas têm uma reputação, contanto que permaneçam distintas. Caso os seres que você esteja seguindo atravessem as três, ninguém mais compreende o que você diz. Ofereça às disciplinas estabelecidas uma bela rede sociotécnica, algumas belas traduções, e as primeiras extrairão os conceitos, arrancando deles todas as raízes que poderiam ligá-los ao social ou à retórica; as segundas irão amputar a dimensão social e política, purificando-a de qualquer objeto; as terceiras, enfim, conservarão o discurso, mas irão purgá-lo de qualquer aderência indevida à realidade — *horresco referens* — e aos jogos de poder. O buraco de ozônio sobre nossas cabeças, a lei moral em nosso coração e o texto autônomo podem, em separado, interessar a nossos críticos. Mas se um veículo sutil tenha interligado o céu, a indústria, os textos, as almas e a lei moral, eis que isto permanecerá inaudito, indevido, inusitado.

A CRISE DA CRÍTICA

Os críticos desenvolveram três repertórios distintos para falar de nosso mundo: a naturalização, a socialização, a desconstrução. Digamos, de forma rápida e sendo um pouco injustos, Changeux, Bourdieu, Derrida. Quando o primeiro fala de fatos naturalizados, não há mais sociedade, nem sujeito, nem forma do discurso. Quando do o segundo fala de poder sociologizado, não há mais ciência, nem técnica, nem texto, nem conteúdo. Quando o terceiro fala de efeitos de verdade, seria um atestado de grande ingenuidade acreditar na existência real dos neurônios do cérebro ou dos jogos de poder. Cada uma destas formas de crítica é potente em si mesma, mas é impossível de ser combinada com as outras. Podemos imaginar um estudo que tornasse o buraco de ozônio algo naturalizado, sociologizado e desconstruído? A natureza dos fatos seria totalmente estabelecida, as estratégias de poder previsíveis, mas não se trataria apenas de efeitos de sentido projetando a pobre ilusão de uma natureza e de um locutor? Uma tal colcha de retalhos seria grotesca. Nossa vida intelectual permanece reconhecível contanto que os epistemólogos, os sociólogos e os desconstrutivistas sejam mantidos a uma distância conveniente, alimentando suas críticas com as fraquezas das outras duas abordagens. Ampliem as ciências, desdobrem os jogos de poder, ridicularizem a crença em uma realidade, mas não misturem estes três ácidos cáusticos.

Ora, de duas, uma: ou as redes que desdobramos realmente não existem, e os críticos fazem bem em marginalizar os estudos sobre as ciências, ou as seccionamos em três conjuntos distintos — fatos, poder, discurso —, ou então as redes são tal como as descrevemos, e atravessam a fronteira dos grandes feudos da crítica — não são nem objetivas, nem sociais, nem efeitos de discurso, sendo ao mesmo tempo reais, coletivas e discursivas. Ou nós devemos desaparecer, portadores de más notícias que somos, ou então a própria crítica deve entrar em crise devido a essas redes de que ela não consegue dar conta. Os fatos científicos são construídos, mas não podem ser reduzidos ao social, pois o social está povoado por objetos mobilizados para construí-lo. O agente desta dupla construção provém de um conjunto de práticas que a noção de desconstrução capta da pior forma possível. O buraco de ozônio é por demais social e por demais narrado para ser realmente natural; as estratégias das firmas e dos chefes de Estado, demasiado cheias de reações químicas para serem reduzidas ao poder e ao interesse; o discurso da ecosfera, por demais real e social para ser reduzido a efeitos de sentido. Será nossa culpa se *as redes são ao mesmo tempo reais como a natureza, narradas como o discurso, coletivas como a sociedade*? Devemos segui-las abandonando os

Crise

15

recursos da crítica, ou abandoná-las posicionando-nos junto ao senso comum da tripartição crítica? Nossas pobres redes são como os curdos anexados pelos iranianos, iraquianos e turcos que, uma vez caída a noite, atravessam as fronteiras, casam-se entre eles e sonham com uma pátria comum a ser extraída dos três países que os desmembram.

Esse dilema permaneceria sem solução caso a antropologia não nos houvesse acostumado, há muito tempo, a tratar sem crises e sem crítica o tecido inteiriço das naturezas-culturas. Mesmo o mais racionalista dos etnógrafos, uma vez mandado para longe, é perfeitamente capaz de juntar em uma mesma monografia os mitos, etnociências, genealogias, formas políticas, técnicas, religiões, epopeias e ritos dos povos que estuda. Basta enviá-lo aos arapesh ou achuar, aos coreanos ou chineses, e será possível obter uma mesma narrativa relacionando o céu, os ancestrais, a forma das casas, as culturas de inhame, de mandioca ou de arroz, os ritos de iniciação, as formas de governo e as cosmologias. Nem um só elemento que não seja ao mesmo tempo real, social e narrado.

Se o analista for sutil, irá retraçar redes extremamente parecidas com as tramas sociotécnicas que nós traçamos ao seguir os micróbios, os mísseis ou as pilhas de combustível em nossas próprias sociedades. Nós também temos medo que o céu caia sobre nossa cabeça. Nós também relacionamos o gesto ínfimo de pressionar um aerossol a interdições que envolvem o céu. Nós também devemos levar em conta as leis, o poder e a moral para compreender o que nossas ciências dizem sobre a química da alta atmosfera.

Certo, mas não somos selvagens, nenhum antropólogo nos estuda desta maneira, e é impossível, justamente, fazer em nossas naturezas-culturas aquilo que é possível fazer em outros lugares, entre os outros. Por quê? Porque nós somos modernos. Nosso tecido não é mais inteiriço. A continuidade das análises tornou-se impossível. Para os antropólogos tradicionais, não há, não pode haver, não deve haver uma antropologia do mundo moderno (Latour, 1988b). As etnociências podem associar-se em parte à sociedade e ao discurso, mas a ciência não pode. É justamente porque permanecemos incapazes de nos estudar desta forma que somos tão sutis e tão distantes quando vamos estudar os outros sob os trópicos. A tripartição crítica nos protege e nos autoriza a restabelecer a continuidade entre todos os pré-modernos. Foi solidamente apoiados nesta tripartição crítica que nos tornamos capazes de fazer etnografia. Foi daí que extraímos nossa coragem.

A formulação do dilema encontra-se agora modificada: ou é impossível fazer antropologia do mundo moderno — e temos razão em ignorar aqueles que pretendem oferecer uma pátria às redes sociotécnicas; ou é possível fazê-la, mas nesse caso é a própria definição de mundo moderno que é preciso alterar. Passamos de um problema limitado — por que as redes permanecem inapreensíveis? — a um problema maior e mais clássico: o que é um moderno? Ao investigar a incompreensão de nossos antepassados em relação a essas redes que acreditamos tecer nosso mundo, percebemos suas raízes antropológicas. Nisso, somos ajudados, felizmente, por acontecimentos de porte considerável que enterram a velha toupeira da crítica em suas próprias tocas. Se o mundo moderno tornou-se, por sua vez, capaz de ser antropologizado, foi porque algo lhe aconteceu. Desde o salão de madame de Guermantes, sabemos que é preciso um cataclismo como o da Grande Guerra para que a cultura intelectual modifique ligeiramente seus hábitos e enfim receba em sua casa esses novos-ricos que nós não frequentávamos.

O MIRACULOSO ANO DE 1989

Todas as datas são convencionais, mas a de 1989 é um pouco menos que as outras. A queda do Muro de Berlim simboliza, para todos os contemporâneos, a queda do socialismo. "Triunfo do liberalismo, do capitalismo, das democracias ocidentais sobre as vãs esperanças do marxismo", este é o comunicado de vitória daqueles que escaparam por pouco do leninismo. Buscando acabar com a exploração do homem pelo homem, o socialismo multiplicou-a indefinidamente. Estranha dialética esta que ressuscita o explorador e enterra o coveiro após haver ensinado ao mundo como fazer uma guerra civil em grande escala. O recalcado retorna e retorna em dobro: o povo explorado, em nome do qual a vanguarda do proletariado reinava, volta a ser um povo; as elites com seus longos dentes, que pareciam ser desnecessárias, voltam com toda a força para retomar, nos bancos, nos comércios e nas fábricas seu antigo trabalho de exploração. O Ocidente liberal não se contém de tanta alegria. Ele ganhou a guerra fria.

Mas este triunfo dura pouco. Em Paris, Londres e Amsterdã, neste mesmo glorioso ano de 1989, são realizadas as primeiras conferências sobre o estado global do planeta, o que simboliza, para alguns observadores, o fim do capitalismo e de suas vãs esperanças de conquista ilimitada e de dominação total sobre a natureza. Buscando desviar a exploração do homem pelo homem para uma exploração da natureza pelo homem, o capitalismo multiplicou indefinidamente as duas. O recalcado retorna e retorna em dobro: as multidões que deveriam ser salvas da morte caem aos milhões na miséria; as naturezas que deveriam ser absolutamente dominadas nos dominam de forma igualmente global, ameaçando todos. Estranha dialética esta que faz do escravo dominado o mestre e o dono do homem, e que subitamente nos ensina que inventamos os ecocídios e ao mesmo tempo as fomes em larga escala.

A simetria perfeita entre a queda do muro da vergonha e o desaparecimento da natureza ilimitada só não é vista pelas ricas democracias ocidentais. De fato, os socialismos destruíram ao mesmo tempo seus povos e seus ecossistemas, enquanto as democracias ocidentais puderam salvar seus povos e algumas de suas paisagens destruindo o resto do mundo e jogando os outros povos na miséria. Dupla tragédia: os antigos socialismos acreditavam poder remediar seus dois infortúnios imitando o Oeste; este acredita ter escapado aos dois e poder, na verdade, ensinar lições enquanto deixa morrer a Terra e os homens. Acredita ser o único a conhecer o truque que permite ganhar indefinidamente, quando talvez tenha perdido tudo.

Após esta dupla digressão cheia de boas intenções, nós, modernos, aparentemente perdemos um pouco de confiança em nós mesmos. Teria sido melhor não tentar acabar com a exploração do homem pelo homem? Teria sido melhor não tentar tornar-se mestre e dono da natureza? Nossas mais altas virtudes foram colocadas a serviço desta tarefa dupla, uma do lado da política, outra do lado das ciências e tecnologias. E no entanto nos voltaríamos tranquilamente para nossa juventude entusiasta e comportada, da mesma forma como os jovens alemães se voltam para seus pais grisalhos: "A que ordens criminosas estávamos obedecendo?" "Poderemos dizer que não sabíamos?".

Esta dúvida sobre o bom fundamento das boas intenções faz com que alguns de nós tenham se tornado reacionários de duas formas diferentes: não é mais preciso querer acabar com a dominação do homem pelo homem, dizem alguns; não é mais preciso tentar dominar a natureza, dizem os outros. Sejamos definitivamente antimodernos, dizem todos.

Por outro lado, o pós-modernismo, expressão vaga, resume bem o ceticismo mal resolvido daqueles que recusam uma ou outra reação. Incapazes de acreditar nas promessas duplas do socialismo e do "naturalismo", os pós-modernos também evitam duvidar totalmente delas. Ficam suspensos entre a dúvida e a crença, enquanto esperam o fim do milênio.

Enfim, aqueles que rejeitam o obscurantismo ecológico ou o obscurantismo antissocialista, e que não ficam satisfeitos com o ceticismo dos pós-modernos, decidem continuar como se nada ocorresse e permanecem decididamente modernos. Continuam acreditando nas promessas das ciências, ou nas da emancipação, ou nas duas. Contudo, sua crença na modernização já não soa muito bem nem na arte, nem na economia, nem na política, nem na ciência, nem na técnica. Nas galerias de arte, assim como nas salas de concertos, ao longo das fachadas dos imóveis assim como nos institutos de desenvolvimento, é possível sentir que o espírito da coisa não está mais presente. A vontade de ser moderno parece hesitante, às vezes até mesmo fora de moda.

Quer sejamos antimodernos, modernos ou pós-modernos, somos todos mais uma vez questionados pela dupla falência do miraculoso ano de 1989. Mas retomaremos nossa linha de pensamento se considerarmos este ano justamente como uma dupla falência, como duas lições cuja admirável simetria nos permite compreender de outra forma todo o nosso passado.

E se jamais tivermos sido modernos? A antropologia comparada se tornaria então possível. As redes encontrariam um lar.

Crise

O que é um moderno?

A modernidade possui tantos sentidos quantos forem os pensadores ou jornalistas. Ainda assim, todas as definições apontam, de uma forma ou de outra, para a passagem do tempo. Através do adjetivo moderno, designamos um novo regime, uma aceleração, uma ruptura, uma revolução do tempo. Quando as palavras "moderno", "modernização" e "modernidade" aparecem, definimos, por contraste, um passado arcaico e estável. Além disso, a palavra encontra-se sempre colocada durante uma polêmica, em uma briga onde há ganhadores e perdedores, Antigos e Modernos. "Moderno", portanto, é duas vezes assimétrico: assinala uma ruptura na passagem regular do tempo; assinala um combate no qual há vencedores e vencidos. Se hoje tantos contemporâneos hesitam em empregar esse adjetivo, se o qualificamos através de preposições, é porque nos sentimos menos seguros em manter esta dupla assimetria: não podemos mais assinalar a flecha irreversível do tempo nem atribuir um prêmio aos vencedores. Nas inúmeras discussões entre Antigos e Modernos, ambos têm hoje igual número de vitórias, e nada mais nos permite dizer se as revoluções continuam os antigos regimes ou os encerram. Daí o ceticismo curiosamente chamado de "pós"-moderno, ainda que ele não saiba se é capaz de suceder para sempre aos modernos.

Para retomar nossos passos, devemos retomar a definição da modernidade, interpretar o sintoma da pós-modernidade e compreender o porquê de não aderirmos mais, por inteiro, à dupla tarefa da dominação e da emancipação. Para abrigar as redes de ciências e técnicas, é preciso então mover o céu e a terra? Sim, exatamente, o céu e a terra.

A hipótese deste ensaio — trata-se de uma hipótese e mesmo de um ensaio — é que a palavra "moderno" designa dois conjuntos de práticas totalmente diferentes que, para continuarem eficazes, devem permanecer distintas, mas que recentemente deixaram de sê-lo. O primeiro conjunto de práticas cria, por "tradução", misturas entre gêneros de seres completamente novos, híbridos de natureza e cultura. O segundo cria, por "purificação", duas zonas ontológicas inteiramente distintas, a dos humanos, de um lado, e a dos não-humanos, de outro. Sem o primeiro conjunto, as práticas de purificação seriam vazias ou supérfluas. Sem o segundo, o trabalho da tradução seria desacelerado, limitado ou mesmo interditado. O primeiro conjunto corresponde àquilo que chamei de redes, o segundo ao que chamei de crítica. O primeiro, por exemplo, conectaria em uma cadeia contínua a química da alta atmosfera, as estratégias científicas e industriais, as preocupações dos chefes de Estado, as angústias dos ecologistas; o segundo estabeleceria uma partição entre um mundo natural que sempre esteve aqui, uma sociedade com interesses e questões previsíveis e estáveis, e um discurso independente tanto da referência quanto da sociedade.

Enquanto considerarmos separadamente essas práticas, seremos realmente modernos, ou seja, aderimos sinceramente ao projeto da purificação crítica, ainda que ele apenas se desenvolva por meio da proliferação dos híbridos. A partir do momento em que concentramos nossa atenção simultaneamente no trabalho de purificação e no de hibridação, deixamos instantaneamente de ser modernos, nosso futuro começa a mudar. Ao mesmo tempo, deixamos de ter sido modernos, no pretérito, pois tomamos consciência, retrospectivamente, de que os dois conjuntos de práticas estiveram operando desde sempre no período histórico que se encerra. Nosso passado começa a mudar. Enfim, se jamais tivéssemos sido modernos, pelo menos não da forma como a crítica nos narra, as relações tormentosas que estabelecemos com as outras naturezas-culturas seriam transformadas. O relativismo, a dominação, o imperialismo, a consciência pesada, o sincretismo seriam todos explicados de outra forma, modificando então a antropologia comparada.

Qual o laço existente entre o trabalho de tradução ou de mediação e o de purificação? Esta é a questão que eu gostaria de esclarecer. A hipótese, ainda muito grosseira, é que a segunda possibilitou a primeira; quanto mais nos proibimos de pensar os híbridos, mais seu cruzamento se torna possível; este é o paradoxo dos modernos que esta situação excepcional em que nos encontramos nos permite enfim captar. A segunda questão diz respeito aos pré-modernos, às outras naturezas-culturas. A hipótese, também demasiado ampla, é que, ao se dedicar a pensar os híbridos, eles proibiram sua proliferação. É essa discrepância que nos permitiria explicar a Grande Separação entre Nós e Eles, e que permitiria resolver finalmente a insolúvel questão do relativismo. A terceira questão diz respeito à crise atual: se a modernidade foi assim tão eficaz em seu duplo trabalho de separação e de proliferação, por que ela está enfraquecendo hoje, nos impedindo de sermos de fato modernos? Daí a última questão que é também a mais difícil: se deixamos de ser modernos, se não podemos mais separar o trabalho de proliferação e o trabalho de purificação, o que iremos nos tornar? Como desejar as Luzes sem a modernidade? A hipótese, também por demasiado enorme, é de que será preciso desacelerar, desviar e regular a proliferação dos monstros através da representação oficial de sua existência. Uma outra democracia se tornaria necessária? Uma democracia estendida às coisas? Para responder a essas questões, deverei triar entre os pré-modernos, os modernos e os pós-modernos aquilo que eles têm de sustentável e o que têm de fatal. Perguntas demais, bem o sei, para um ensaio que não tem outra desculpa que não sua brevidade. Nietzsche dizia, sobre os grandes problemas, que eram como os banhos frios: é preciso entrar rápido e sair da mesma forma.

2.
CONSTITUIÇÃO

A Constituição moderna

Comumente definimos a modernidade através do humanismo, seja para saudar o nascimento do homem, seja para anunciar sua morte. Mas esse próprio hábito é moderno, pois ele permanece assimétrico. Ele esquece o nascimento conjunto da "não-humanidade" das coisas, dos objetos ou das bestas, e, não menos estranho, de um Deus barrado, fora do jogo. A modernidade decorre da criação conjunta dos três, da recuperação, em seguida, desse nascimento conjunto e do tratamento separado das três comunidades enquanto, por baixo disso, os híbridos continuam se multiplicando como uma consequência direta desse tratamento separado. É essa dupla separação que precisamos reconstituir, entre o que está acima e o que está abaixo, por um lado, entre os humanos e os não-humanos, por outro.

Ocorre com essas duas separações aproximadamente o mesmo que ocorre com aquela que distingue o judiciário do executivo. Esta última não saberia descrever os múltiplos laços, as influências cruzadas, as negociações contínuas entre os juízes e os políticos. E, no entanto, engana-se aquele que negar a eficácia dessa separação. A separação moderna entre o mundo natural e o mundo social tem o mesmo caráter constitucional, com o detalhe que, até o momento, ninguém se colocou na posição de estudar simetricamente os políticos e os cientistas, já que parecia não haver entre eles um lugar central. Em certo sentido, os artigos da lei fundamental que versam sobre a dupla separação foram tão bem redigidos que nós a tomamos como uma dupla distinção ontológica. Do momento em que traçamos esse espaço simétrico, restabelecen-

Constituição   23

do assim o entendimento comum que organiza a separação dos poderes naturais e políticos, deixamos de ser modernos.

Chamamos de constituição o texto comum que define esse acordo e essa separação. Quem deve escrevê-lo? No caso das constituições políticas, a tarefa cabe aos juristas, mas até agora eles só fizeram um quarto do trabalho, uma vez que esqueceram tanto o poder científico quanto o trabalho dos híbridos. No que diz respeito à natureza das coisas, a tarefa cabe aos cientistas, que também fizeram apenas outro quarto do trabalho, pois fingem esquecer o poder político, além de negarem aos híbridos uma eficácia qualquer, ao mesmo tempo em que os multiplicam. Quanto ao trabalho de tradução, é tarefa para os que estudam as redes, mas eles cumpriram apenas metade de seu contrato, já que não explicaram o trabalho de purificação que se realiza acima deles e que explica essa proliferação.

Quanto aos coletivos estrangeiros, é tarefa da antropologia falar ao mesmo tempo sobre todos os quadrantes. Na verdade, como já disse, qualquer etnólogo é capaz de escrever, na mesma monografia, a definição das forças presentes, a repartição dos poderes entre os humanos, os deuses e os não-humanos, os procedimentos de consensualização, os laços entre a religião e os poderes, os ancestrais, a cosmologia, o direito à propriedade e as taxonomias de plantas ou de animais. O etnólogo evitará escrever três livros — um para os conhecimentos, outro para os poderes, e outro, enfim, para as práticas. Escreverá apenas um, como aquele, magnífico, em que Descola tenta resumir a constituição dos achuar da Amazônia (Descola, 1986):

> "Os achuar, entretanto, não disciplinaram completamente a natureza nas redes simbólicas da domesticidade. Claro, o campo cultural aqui é particularmente englobante, uma vez que nele se encontram classificados animais, plantas, e espíritos que dizem respeito ao domínio da natureza em outras sociedades ameríndias. Não encontramos, portanto, nos achuar, esta antinomia entre dois mundos fechados e irredutivelmente opostos: o mundo cultural da sociedade humana e o mundo natural da so-

ciedade animal. Há, ainda assim, um momento em que o *continuum* de sociabilidade é interrompido para dar lugar a um universo selvagem irredutivelmente estranho ao homem. Incomparavelmente mais reduzido que o domínio da cultura, esse pequeno segmento de natureza compreende o conjunto das coisas com as quais nenhuma comunicação pode ser estabelecida. Aos seres de linguagem (*aents*), dos quais os humanos são a encarnação mais completa, opõem-se as coisas mudas, que povoam universos paralelos e inacessíveis. A incomunicabilidade é muitas vezes atribuída a uma falta de alma (*wakan*) que afeta algumas espécies vivas: a maior parte dos insetos e dos peixes, os animais rastejantes e numerosas plantas são, assim, dotados de uma existência maquinal e inconsequente. Mas a ausência de comunicação é, por vezes, função da distância; infinitamente afastada e prodigiosamente móvel, a alma dos astros e dos meteoros permanece surda aos discursos dos homens" (p. 399).

A tarefa da antropologia do mundo moderno consiste em descrever da mesma maneira como se organizam todos os ramos de nosso governo, aí compreendidos aqueles da natureza e das ciências exatas, e também em explicar como e por que esses ramos se separam, assim como os múltiplos arranjos que os reúnem. O etnólogo de nosso mundo deve colocar-se no ponto comum onde se dividem os papéis, as ações, as competências que irão enfim permitir definir certa entidade como animal ou material, uma outra como sujeito de direito, outra como sendo dotada de consciência, ou maquinal, e outra ainda como inconsciente ou incapaz. Ele deve até mesmo comparar as formas sempre diferentes de definir ou não a matéria, o direito, a consciência, e a alma dos animais sem partir da metafísica moderna. Da mesma forma que a constituição dos juristas define os direitos e deveres dos cidadãos e do Estado, o funcionamento da justiça e as transmissões de poder, da mesma forma essa Constituição — que escrevo com maiúscula para distingui-la da outra — define os humanos e não-humanos, suas propriedades e suas relações, suas competências e seus agrupamentos.

Como descrever essa Constituição? Escolhi concentrar-me sobre uma situação exemplar, no início de sua escrita, em pleno século XVII, quando Boyle, o cientista, e Hobbes, o cientista político, discutem entre si a respeito da repartição dos poderes científicos e políticos. Uma tal escolha poderia parecer arbitrária se um livro notável não tivesse acabado de se agregar a essa dupla criação de um contexto social e de uma natureza que lhe escaparia. Boyle e seus descendentes, Hobbes e seus seguidores irão servir-me de emblema e resumo para uma história muito mais longa que sou incapaz de retraçar aqui, mas que outros, mais bem equipados que eu, irão sem dúvida desenvolver.

BOYLE E SEUS OBJETOS

"Não concebemos a política como algo exterior à esfera científica e que poderia, de certa forma, sobrepor-se a ela. A comunidade experimental [criada por Boyle] lutou, justamente, para impor esse vocabulário da demarcação, e nos esforçamos para situar historicamente essa linguagem e para explicar o avanço dessas novas convenções do discurso. Se desejamos que nossa pesquisa seja consistente do ponto de vista histórico, devemos evitar usar levianamente a língua destes atores em nossas próprias explicações. É precisamente essa linguagem que permite conceber a política como algo exterior à ciência que tentamos compreender e explicar. Aí nos deparamos com o sentimento geral dos historiadores das ciências que pensam ter ultrapassado há muito as noções de 'interior' e 'exterior' da ciência. Grave erro! Estamos apenas começando a entrever os problemas colocados por essas convenções de delimitação. Como, historicamente, os atores científicos distribuem os elementos de acordo com seu sistema de delimitação (e não de acordo com o nosso), e como podemos estudar empiricamente os seus modos de se conformar a esse sistema? Isso que chamamos de 'ciência' não possui nenhuma demarcação que se possa tomar por uma fronteira natural" (p. 342).

Esta longa citação, extraída do fim de um livro de Steven Shapin e Simon Schaffer (Shapin e Schaffer, 1985), marca o verdadeiro começo de uma antropologia comparada que leva a sério a ciência (Latour, 1990c). Eles não demonstram como o contexto social da Inglaterra podia justificar o desenvolvimento da física de Boyle e o fracasso das teorias matemáticas de Hobbes, eles se debruçam sobre o próprio fundamento da filosofia política. Longe de "situar os trabalhos científicos de Boyle em seu contexto social" ou de mostrar como a política "deixa sua marca" nos conteúdos científicos, eles examinam como Boyle e Hobbes brigaram para inventar uma ciência, um contexto e uma demarcação entre os dois. Eles não explicam o conteúdo pelo contexto, já que nem um nem outro existiam dessa forma nova, antes que Boyle e Hobbes tivessem atingido seus respectivos fins e resolvido suas diferenças.

A beleza desse livro deve-se ao fato de eles terem desenterrado os trabalhos científicos de Hobbes — que os cientistas políticos ignoravam, pois tinham vergonha das elucubrações matemáticas de seu herói — e tirado do esquecimento as teorias políticas de Boyle — que os historiadores da ciência ignoram porque se esforçam para esconder o trabalho de organização de seu herói. Ao invés de uma assimetria e de uma divisão — Boyle com a ciência, Hobbes com a teoria política —, Shapin e Schaffer traçam um belo quadro: Boyle possui uma ciência e uma teoria política; Hobbes uma teoria política e uma ciência. O quadro não seria interessante se os heróis destas duas histórias tivessem pensamentos muito distantes um do outro — se, por exemplo, um deles fosse um filósofo na linha de Paracelso e o outro um legista no estilo Bodin. Por sorte, entretanto, eles concordam sobre quase tudo. Ambos desejam um rei, um parlamento, uma Igreja dócil e unificada, e são adeptos fervorosos da filosofia mecanicista. Mas ainda que ambos sejam profundamente racionalistas, suas opiniões divergem quanto àquilo que se deve esperar da experimentação, do raciocínio científico, das formas de argumentação política e, sobretudo, da bomba de ar, verdadeiro herói dessa história. Os desacordos entre

Constituição

estes dois homens, que no entanto concordam sobre todo o resto, os tornam as "drosófilas" da nova antropologia.

Boyle abstém-se cuidadosamente de falar sobre a bomba de vácuo. A fim de colocar ordem nos debates que se seguem à descoberta do espaço de Torricelli no alto de um tubo de mercúrio entornado em um recipiente do mesmo metal, ele tenciona investigar apenas o peso e a elasticidade do ar sem tomar partido na briga entre plenistas e vacuístas. O aparelho que ele desenvolve a partir do modelo de Otto von Guericke para expulsar de forma duradoura o ar de um recipiente de vidro transparente é o equivalente, para a época, em termos de custo, de complicação, de novidade, de um dos grandes equipamentos da física contemporânea. Já é *Big Science*. A grande vantagem das aparelhagens de Boyle é a de permitir enxergar através das paredes de vidro e de poder introduzir ou mesmo manipular amostras, graças a uma série de mecanismos engenhosos de válvulas e de redomas. Nem os pistões da bomba, nem os vidros espessos, nem as juntas são de uma qualidade suficientemente boa. Boyle deve, portanto, fazer com que a pesquisa tecnológica avance o suficiente para que ele possa realizar a experiência que lhe é mais cara: a do vácuo no vácuo. Ele fecha um tubo de Torricelli no interior de um recinto de vidro da bomba e obtém, assim, um primeiro espaço no topo do tubo invertido. Depois, fazendo com que um de seus técnicos — por sinal, invisíveis (Shapin, 1991b) — acionasse a bomba, suprime suficientemente o peso do ar para fazer baixar o nível da coluna que chega quase a atingir o nível do mercúrio da bacia. Boyle irá desenvolver dezenas de experiências no interior lacrado de sua bomba de ar, destinadas a detectar o vento de éter postulado por seus adversários ou a explicar a coesão de cilindros de mármore ou ainda a sufocar pequenos animais e apagar velas, tal como a física de entretenimento do século XVIII iria popularizar mais tarde.

No momento em que uma dúzia de guerras civis são deflagradas, Boyle escolhe um método de argumentação, o da opinião, ridicularizado pela mais antiga tradição escolástica. Boyle e seus colegas abandonam a certeza do raciocínio apodítico pela *doxa*. Esta *doxa* não é a imaginação divagante das massas crédulas, mas sim um dispositivo novo para conseguir a adesão dos pares. Em vez de fundar-se sobre a lógica, as matemáticas ou a retórica, Boyle funda-se sobre uma metáfora parajurídica: testemunhas confiáveis, bem-aventuradas e de boa-fé reunidas em torno da cena da ação podem atestar a existência de um fato, *the matter of fact*, mesmo se não conhecerem sua verdadeira natureza. Boyle inventa, assim, o estilo empírico que usamos até hoje (Shapin, 1991a).

Ele não requer a opinião dos cavalheiros, mas sim a observação de um fenômeno produzido artificialmente no lugar fechado e protegido do laboratório. Ironicamente, a questão-chave dos construtivistas — os fatos são completamente construídos no laboratório? — é exatamente a mesma que Boyle levanta e resolve. Sim, os fatos são inteiramente construídos nessa nova instalação que é o laboratório, e através da intermediação artificial da bomba de ar. O nível realmente desce no tubo de Torricelli inserido no interior transparente da bomba acionada por técnicos sem fôlego. "Os fatos são fatos",[1] diria Bachelard. Mas, por serem construídos pelo homem, seriam eles falsos? Não, pois Boyle, assim como Hobbes, estende ao homem o "construtivismo" de Deus — Deus conhece as coisas porque ele as cria (Funkenstein, 1986). Nós conhecemos a natureza dos fatos porque os elaboramos em circunstâncias que controlamos perfeitamente. A fraqueza torna-se uma força, contanto que limitemos o conhecimento à natureza dos fatos instrumentalizada e que deixemos de lado a interpretação das causas. Novamente, Boyle transforma uma imperfeição — produzimos apenas *matters of fact* criados em laboratório, que só possuem valor local — em uma vantagem decisiva: estes fatos jamais serão modificados, aconteça o que acontecer em termos de teoria, de metafísica, de religião, de política ou de lógica.

---

[1] E também são feitos. No original, *"les faits sont faits"*, há uma ambiguidade que se perde na tradução para o português, uma vez que em francês pode-se interpretar *"fait"* como "fato" e como "feito". Assim, "os fatos são fatos" e "os fatos são feitos". Essa ambiguidade interessa a Latour porque mostra, já na etimologia de *"fait"*, a continuidade — e não descontinuidade ou contradição — entre o fato natural e a sua feitura humana. Ou seja, um fato se torna independente, autônomo porque foi criteriosamente feito. Latour volta a essa máxima de Bachelard em seu *Petite réflexion sur le culte moderne des dieux faitiches*, de 1996. (N. do R. T.)

HOBBES E SEUS SUJEITOS

Hobbes desaprova todo o dispositivo de Boyle. Ele também quer terminar com a guerra civil; ele também quer abandonar a interpretação livre da Bíblia pelos clérigos e pelo povo. Mas é através de uma unificação do corpo político que ele deseja atingir seu objetivo. O soberano criado pelo contrato, "esse Deus mortal ao qual devemos, sob o Deus imortal, nossa paz e nossa proteção", não é senão o representante de uma multidão. "É a unidade daquele que ele representa, não a unidade do representado, que torna a pessoa una." Hobbes é obcecado por essa unidade da Pessoa que é, em suas palavras, o Ator do qual nós, cidadãos, somos os Autores (Hobbes, 1971). É por causa desta unidade que não pode haver transcendência. As guerras civis irão proliferar enquanto existirem entidades sobrenaturais que os cidadãos se sentirão no direito de invocar quando as autoridades deste baixo mundo os perseguirem. A lealdade da velha sociedade medieval — Deus e o Rei — não é mais possível se cada um pode, diretamente, implorar a Deus ou designar seu rei. Hobbes quer fazer tábula rasa de todo apelo a entidades superiores à autoridade civil. Ele deseja reencontrar a unidade católica, mas fechando, ao mesmo tempo, todo o acesso à transcendência divina.

Para Hobbes, o poder é conhecimento, o que implica dizer que só pode existir um único conhecimento e um único poder caso desejemos dar um basta às guerras civis. É por isso que a maior parte do *Leviatã* faz a exegese do Antigo e do Novo Testamento. Um dos maiores perigos para a paz civil vem da crença em corpos imateriais, como os espíritos, os fantasmas ou as almas, aos quais as pessoas apelam contra o julgamento do poder civil. Antígona seria perigosa, ao proclamar a superioridade da piedade sobre a "razão de Estado" de Creonte; os igualitários, os *Levellers* e os *Diggers* o são ainda mais quando invocam os poderes ativos da matéria e a interpretação livre da Bíblia para desobedecer a seus príncipes legítimos. Uma matéria inerte e mecânica também é tão essencial à paz civil quanto uma interpretação puramente simbólica da Bíblia. Em ambos os casos, é importante evitar a qualquer custo que determinadas facções possam invocar uma Entidade superior — a Natureza ou Deus — que não seria plenamente controlada pelo soberano.

Esse reducionismo não levaria a um Estado totalitário, já que Hobbes o aplica à própria República: o soberano será apenas um ator designado pelo contrato social. Não há direito divino nem instância superior que possam ser invocados pelo soberano para que ele possa agir como quiser e desmantelar o Leviatã. Nesse novo regime, no qual o conhecimento se iguala ao poder, tudo é reduzido: o soberano, Deus, a matéria e a multidão. Hobbes se proíbe até mesmo de fazer de sua própria ciência do Estado a invocação de uma transcendência qualquer. Todos os seus resultados científicos são obtidos não através da opinião, da observação ou da revelação, mas sim através de uma demonstração matemática, o único método de argumentação capaz de constranger cada um a dar seu consentimento; ele chega até essa demonstração não através de cálculos transcendentais, como o rei de Platão, mas sim por um instrumento de computação pura, o cérebro mecânico, computador *avant la lettre*. Mesmo o famoso contrato social não é senão a soma de um cálculo ao qual todos os cidadãos aterrorizados que buscam se libertar do estado de natureza chegam juntos subitamente. Esse é o construtivismo generalizado de Hobbes para pacificar as guerras civis: nenhuma transcendência, qualquer que seja ela, nem recurso a Deus, nem a uma matéria ativa, nem a um poder de direito divino, nem mesmo às ideias matemáticas.

Tudo agora está pronto para o confronto entre Hobbes e Boyle. Depois que Hobbes reduziu e reunificou o corpo político, eis que surge a Royal Society para dividir tudo de novo: alguns cavalheiros proclamam o direito de possuir uma opinião independente, em um espaço fechado, o laboratório, sobre o qual o Estado não exerce nenhum controle. E quando esses agitadores chegam a um acordo entre eles, não é através de uma demonstração matemática que todos seriam constrangidos a aceitar, mas sim através de experiências observadas pelos sentidos enganosos, experiências que permanecem sem explicação e pouco conclusivas. Pior ainda, essa nova confraria decide concentrar seus trabalhos sobre uma bomba de ar que produz novamente corpos imateriais, o vácuo, como se

Constituição

Hobbes já não tivesse tido problemas suficientes para livrar-se dos fantasmas e dos espíritos! Eis que estamos novamente, teme Hobbes, em plena guerra civil! Não teremos mais que aguentar os *Levellers* e os *Diggers*, que contestavam a autoridade do rei em nome de sua interpretação pessoal de Deus e das propriedades da matéria — já que foram adequadamente exterminados —, mas será preciso suportar essa nova claque de sábios que irá se meter a contestar a autoridade de todos em nome da natureza, invocando para isso acontecimentos de laboratório inteiramente fabricados! Se vocês permitem que as experiências produzam suas *matters of fact* e se elas deixam o vácuo infiltrar-se na bomba de ar, e a partir daí, na filosofia natural, então vocês dividirão a autoridade: os espíritos imateriais irão novamente levar todos à revolta, ao oferecer um tribunal de recursos às frustrações. O conhecimento e o poder estarão novamente divididos. Vocês "verão duplicado", segundo a expressão de Hobbes. Essas são as advertências que ele dirige ao rei para denunciar as maquinações da Royal Society.

A MEDIAÇÃO DO LABORATÓRIO

Essa interpretação política do plenismo de Hobbes não seria suficiente para tornar o livro de Shapin e Schaffer a base da antropologia comparada. Qualquer bom historiador das ideias poderia, afinal, ter feito o mesmo trabalho. Mas em três capítulos decisivos nossos autores deixam os confins da história intelectual e passam do mundo das opiniões e da argumentação para o da prática e das redes. Pela primeira vez nos estudos sobre as ciências, todas as ideias relativas a Deus, ao rei, à matéria, aos milagres e à moral são traduzidas, transcritas e obrigadas a passar pelos detalhes de funcionamento de um instrumento. Antes deles, outros historiadores da ciência haviam estudado a prática científica; outros historiadores haviam estudado o contexto religioso, político e cultural da ciência; mas ninguém até então havia sido capaz de fazer os dois ao mesmo tempo.

Da mesma forma como Boyle conseguiu transformar a bricolagem em torno de uma bomba de ar remendada no assentimento parcial de cavalheiros a propósito de fatos que se tornaram indiscutíveis, da mesma forma Shapin e Schaffer conseguem explicar como e por que discussões que tratam do corpo político, de Deus e seus milagres, da matéria e seu poder, devem passar pela bomba de ar. Esse mistério jamais foi esclarecido pelos que buscam na ciência uma explicação contextualista. Eles partem do princípio de que existe um macrocontexto social — a Inglaterra, a disputa dinástica, o capitalismo, a revolução, os mercadores, a Igreja — e que este contexto, de certa forma, influencia, forma, reflete, repercute e exerce uma pressão sobre "as ideias relativas" à matéria, à elasticidade do ar, ao vácuo e aos tubos de Torricelli. Mas eles nunca explicam o estabelecimento prévio de uma ligação entre Deus, o rei, o Parlamento, e determinado pássaro sufocando no recipiente fechado e transparente de uma bomba, cujo ar é aspirado graças a uma manivela acionada por um técnico. Como a experiência do pássaro pode traduzir, deslocar, transportar, deformar todas as outras controvérsias, de tal forma que aqueles que dominam a bomba dominam também o rei, Deus, e todo o seu contexto?

Hobbes bem que tenta contornar tudo que concerne ao trabalho experimental, mas Boyle força a discussão, fazendo com que ela passe por um conjunto de detalhes sórdidos relativos aos vazamentos, às juntas e manivelas de sua máquina. Da mesma forma, os filósofos da ciência e os historiadores das ideias gostariam de evitar o mundo do laboratório, essa cozinha repugnante onde os conceitos são sufocados com ninharias. Shapin e Schaffer forçam suas análises a girarem em torno do objeto, em torno de um vazamento, de determinada junta da bomba de ar. A prática da fabricação dos objetos retoma o lugar preponderante que ela havia perdido com a crítica. O livro de nossos dois parceiros não é empírico apenas por possuir uma abundância de detalhes, mas por fazer a arqueologia desse objeto novo que nasce no século XVII no laboratório. Shapin e Schaffer, assim como Hacking (Hacking, 1989), fazem, de forma quase etnográfica, aquilo que os filósofos da ciência não fazem mais: mostrar os fundamentos realistas das ciências. Mas, ao invés de falar da realidade exterior *out there*, eles ancoram a realidade indiscutível da ciência, *down there*, no estilo das bancadas de laboratório.

Constituição

As experiências nunca funcionam bem. A bomba vaza. É preciso remendá-la. Aqueles que são incapazes de explicar a irrupção dos objetos no coletivo humano, com todas as manipulações e práticas que eles necessitam, não são antropólogos, uma vez que aquilo que constitui, desde a época de Boyle, o aspecto mais fundamental de nossa cultura, lhes escapa: vivemos em sociedades que têm por laço social os objetos fabricados em laboratório; substituímos as ideias pelas práticas, os raciocínios apodíticos pela *doxa* controlada, e o consenso universal por grupos de colegas. A boa ordem que Hobbes tentava reencontrar é suprimida pela multiplicação dos espaços privados nos quais é proclamada a origem transcendental de fatos que, apesar de fabricados pelo homem, não são de autoria de ninguém, e que, mesmo não possuindo uma causa, são ainda assim explicáveis.

Como fazer com que uma sociedade se sustente, indigna-se Hobbes, sobre o fundamento deplorável dos *matters of fact*? Ele se irrita particularmente com a mudança relativa na escala dos fenômenos. De acordo com Boyle, as grandes questões relativas à matéria e aos poderes divinos podem ser submetidas a uma resolução experimental, e essa resolução será parcial e modesta. Ora, Hobbes rejeita a possibilidade do vácuo por razões ontológicas e políticas de ordem filosófica, e continua a alegar a existência de um éter invisível que deve estar presente, mesmo quando o operário de Boyle está cansado demais para acionar sua bomba. Em outras palavras, ele exige uma resposta macroscópica a seus "macro" argumentos; ele exige uma demonstração que prove que sua ontologia não é necessária, que prove que o vácuo seja politicamente aceitável. E como Boyle responde? Escolhe, ao contrário, tornar sua experiência mais sofisticada, para mostrar o efeito que tem sobre um detector — uma simples pena de galinha! — o vento de éter postulado por Hobbes, na esperança de invalidar a teoria de seu detrator (p. 182). Ridículo! Hobbes levanta um problema fundamental de filosofia política e desejam refutar suas teorias com uma pena no interior de um recipiente de vidro no interior do castelo de Boyle! Obviamente, a pena não se move nem um milímetro, e Boyle chega à conclusão que Hobbes está errado, que não existe um vento de éter. Entretanto, Hobbes não pode estar enganado, já que ele se recusa a admitir que o fenômeno do qual ele fala possa produzir-se em qualquer outra escala que não a da República inteira. Ele nega aquilo que irá tornar-se a característica essencial do poder moderno: a mudança de escala e os deslocamentos que o trabalho de laboratório pressupõe. Boyle, novo Gato de Botas, precisará apenas pegar o Ogro reduzido ao tamanho de um rato.

O TESTEMUNHO DOS NÃO-HUMANOS

A invenção de Boyle está completa. A despeito da opinião de Hobbes, ele se apossa do velho repertório do direito penal e da exegese bíblica, para aplicá-los contudo ao testemunho das coisas colocadas à prova no laboratório. Conforme escrevem Shapin e Schaffer:

> "Sprat e Boyle invocavam 'a prática das cortes de justiça na Inglaterra' para garantir a veracidade moral de suas conclusões e para dar mais validade a seu argumento de que a multiplicação dos testemunhos suscitava um 'concurso de probabilidades'. Boyle usava a cláusula da lei sobre a traição de Clarendon em 1661 segundo a qual, nos diz ele, dois testemunhos bastam para condenar um homem. Vemos que os modelos jurídicos e sacerdotais da autoridade representavam os principais recursos dos experimentadores. Os testemunhos confiáveis pertenciam, por isso mesmo, a uma comunidade digna de fé: os papistas, os ateus e os sectários viam sua narrativa questionada, o estatuto social do testemunho contribuía à sua credibilidade, e a coincidência entre as versões de muitas testemunhas tornava possível descartar os extremistas. Hobbes coloca novamente em causa o fundamento dessa prática: ele mostra o costume que justificava a prática do testemunho como sendo ineficaz e subversivo" (p. 327).

Constituição

À primeira vista, o repertório de Boyle não traz nada de muito novo. Os eruditos, os monges, os juristas e os escribas haviam elaborado todos estes recursos por mais de um milênio. Mas é seu ponto de aplicação que é novo. Até então, os testemunhos haviam sempre sido humanos ou divinos — nunca não-humanos. Os textos haviam sido escritos por homens ou inspirados por Deus — jamais inspirados ou escritos por não-humanos. As cortes de justiça viram passar inúmeros processos humanos e divinos — nunca casos que colocassem em causa os comportamentos de não-humanos em um laboratório transformado em tribunal de justiça. Ora, para Boyle as experiências em laboratório possuem mais autoridade que os depoimentos não confirmados por testemunhas honrosas:

> "Em nossa experiência [do sino do mergulhador] exposta aqui, a pressão da água possui efeitos visíveis sobre os corpos inanimados que são incapazes de preconceitos ou de dar apenas informações parciais, e terá mais peso junto às pessoas que não tomaram partido do que as narrativas suspeitas e por vezes contraditórias de mergulhadores ignorantes, cujas ideias preconcebidas estão sujeitas a flutuações, e cujas próprias sensações, como as da plebe, podem ser condicionadas por predisposições ou muitas outras circunstâncias, e podem facilmente induzir ao erro" (p. 218).

Eis que intervém, na escrita de Boyle, um novo ator reconhecido pela nova Constituição: corpos inertes, incapazes de vontade e de preconceito, mas capazes de mostrar, de assinar, de escrever e de rabiscar sobre os instrumentos de laboratório e diante de testemunhos dignos de fé. Estes não-humanos, privados de alma, mas aos quais é atribuído um sentido, chegam a ser mais confiáveis que o comum dos mortais, aos quais é atribuída uma vontade, mas que não possuem a capacidade de indicar, de forma confiável, os fenômenos. De acordo com a Constituição, em caso de dúvida, mais vale apelar aos humanos do que aos não-humanos. Dotados de seus novos poderes semióticos, os não-humanos irão contribuir para uma nova forma de texto, o artigo de ciência experimental, híbrido entre o estilo milenar da exegese bíblica — até então aplicado exclusivamente às Escrituras e aos clássicos — e o novo instrumento que produz novas inscrições. A partir de então, será em torno da bomba de ar em seu espaço fechado, e a respeito do comportamento dotado de sentido dos não-humanos, que as testemunhas irão continuar seus debates. A velha hermenêutica irá continuar, mas ela acrescentará a seus pergaminhos a assinatura trêmula dos instrumentos científicos (Latour e Noblet, 1985; Lynch, 1985; Latour, 1988a; Law e Fyfe, 1988; Lynch e Woolgar, 1990). Assim, com uma corte de justiça renovada, todos os outros poderes serão subvertidos, e é isso que tanto perturba Hobbes; mas esta reviravolta só é possível se todo e qualquer laço com os ramos políticos e religiosos do governo tornar-se impossível.

Shapin e Schaffer levam a limites extremos sua discussão sobre os objetos, laboratórios, competências e mudanças de escala. Se a ciência não se funda sobre ideias, mas sim sobre uma prática, se ela não está situada no exterior, mas no interior do recipiente transparente da bomba de ar, e se ela tem lugar no interior do espaço privado da comunidade experimental, então como ela poderia estender-se "por toda parte", a ponto de tornar-se tão universal quanto as "leis de Boyle"? Bem, ela não se torna universal, ao menos não à maneira dos epistemólogos! Sua rede se estende e se estabiliza. A brilhante demonstração desse fato aparece em um capítulo que é, assim como a obra de Harry Collins (Collins, 1985, 1990) ou de Trevor Pinch (Pinch, 1986), um exemplo marcante da fecundidade dos novos estudos sobre as ciências. Ao seguirem a reprodução de cada protótipo de bomba de ar através da Europa e a transformação progressiva de uma peça de equipamento custosa, pouco confiável e atravancante em uma caixa preta de baixo custo, que aos poucos se torna um equipamento comum em todos os laboratórios, os autores trazem a aplicação universal de uma lei física de volta ao interior de uma rede de práticas normalizadas. Evidentemente, a interpretação da elasticidade do ar dada por Boyle se propaga, mas se propaga exatamente com a mesma velocidade que a comunidade dos experimentadores e seus equipamentos se desenvolvem. Nenhuma ciência pode sair da rede de sua prática. O peso do ar certamente continua a ser um universal, mas um uni-

Constituição

versal em rede. Graças à extensão da rede, as competências e o equipamento podem tornar-se suficientemente rotineiros para que a produção do vácuo torne-se tão invisível quanto o ar que respiramos, mas universal como antigamente, nunca.

O ARTIFÍCIO DUPLO DO LABORATÓRIO E DO LEVIATÃ

A escolha de tratar ao mesmo tempo de Hobbes e Boyle tem algo de genial, uma vez que o novo princípio de simetria, destinado a explicar ao mesmo tempo natureza e sociedade (ver abaixo) nos é imposto pela primeira vez nos estudos sobre a ciência através de duas grandes figuras do início da era moderna. Hobbes e seus seguidores criaram os principais recursos de que dispomos para falar do poder — representação, soberano, contrato, propriedade, cidadãos —, enquanto Boyle e seus seguidores elaboraram um dos repertórios mais importantes para falar da natureza — experiência, fato, testemunho, colegas. O que ainda não sabíamos, é que se tratava de uma dupla invenção. Para compreender essa simetria na invenção do repertório moderno, devemos compreender por que Shapin e Schaffer permanecem assimétricos em sua análise, por que eles atribuem maior penetração e capacidade explicativa a Hobbes do que a Boyle, quando seria preciso ter conduzido a simetria até o fim. Sua hesitação, na verdade, revela as dificuldades da antropologia comparada e, como o leitor provavelmente irá compartilhá-la, é interessante nos determos nela.

Em certo sentido, Shapin e Schaffer *deslocam para baixo o centro de referência tradicional da crítica*. Se a ciência está fundada sobre as competências, os laboratórios e as redes, onde então iremos situá-la? É certo que não do lado das coisas-em-si, uma vez que os fatos são fabricados. Mas é certo também que não será do lado do sujeito — sociedade/cérebro/espírito/cultura —, uma vez que o pássaro sendo sufocado, as esferas de mármore, o mercúrio que desce não são nossas próprias criações. Será então no meio dessa linha que reúne o polo objeto ao polo sujeito que devemos situar a prática da ciência? Ela é um híbrido ou uma mistura? Um pouco objeto e um pouco sujeito?

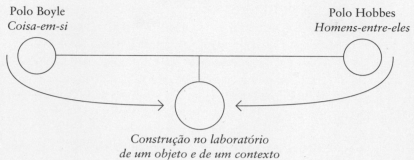

Construção no laboratório
de um objeto e de um contexto

Os autores não nos fornecem uma resposta final a esta pergunta. Da mesma forma que Hobbes e Boyle estão de acordo sobre tudo, exceto quanto à forma de praticar a experimentação, os autores, que estão de acordo sobre tudo, não chegam a um acordo quanto à forma de tratar o contexto "social", quer dizer, a invenção simétrica, por Hobbes, de um humano capaz de ser representado. Os capítulos finais do livro oscilam entre uma explicação hobbesiana do próprio trabalho dos autores e um ponto de vista boyliano. Essa tensão apenas torna sua obra mais interessante, e fornece à antropologia das ciências uma nova linhagem de "drosófilas" perfeitamente adequadas, já que se distinguem apenas por uns poucos traços. Shapin e Schaffer consideram as explicações macrossociais de Hobbes relativas à ciência de Boyle como mais convincentes do que os argumentos de Boyle para refutar Hobbes! Formados no âmbito do estudo social das ciências (Callon e Latour, 1991), é mais difícil para eles desconstruir o contexto macrossocial do que a natureza *out there*. Parecem acreditar que realmente existe uma sociedade *up there* que explicaria o fracasso do programa de Hobbes. Ou, para ser mais exato, não chegam a fechar a questão, anulando na conclusão aquilo que haviam demonstrado no capítulo VII, e mais uma vez anulando sua argumentação na última frase do livro:

"Nem nosso conhecimento científico, nem a constituição de nossa sociedade, nem as afirmações tradicionais relativas às conexões entre nossa sociedade e nosso conhecimento são mais vistos como sendo adquiridos. À medida que descobrimos o estatuto convencional e construído de nossas formas de conhecimento, somos levados a compreender que somos nós — e não a realidade — que estamos na origem daquilo que sabemos. O conhecimento, assim como o Estado, é produto das ações humanas. Hobbes tinha razão" (p. 344).

Não, Hobbes estava errado. Como poderia ter razão, quando foi ele que inventou a sociedade monista na qual conhecimento e poder são uma única e mesma coisa? Como utilizar uma teoria tão grosseira para explicar a invenção de Boyle de uma dicotomia absoluta entre a produção de um conhecimento dos fatos e a política? Sim, "o conhecimento, assim como o Estado, é produto das ações humanas", mas é justamente por isso que a invenção política de Boyle é muito mais fina do que a sociologia das ciências de Hobbes. Para compreender o último obstáculo que nos separa de uma antropologia das ciências, devemos desconstruir a invenção constitucional de Hobbes, de acordo com a qual haveria uma macrossociedade muito mais fechada e robusta que a natureza.

Hobbes inventa o cidadão calculador nu, cujos direitos se limitam a possuir e a ser representado pela construção artificial do soberano. Cria também a linguagem do poder = conhecimento, que está na base de toda *real politik* moderna. Oferece, igualmente, um repertório de análise dos interesses humanos que, ainda hoje, continua a ser o vocabulário básico de toda a sociologia, juntamente com o de Maquiavel. Em outras palavras, ainda que Shapin e Schaffer tenham tomado muitas precauções para não usar a expressão "fato científico" como um recurso, mas sim como uma invenção histórica e política, não tomaram nenhum cuidado com a língua política em si. Empregam as palavras "poder", "interesse" e "política" de forma totalmente inocente no capítulo VII. Mas quem inventou estas palavras com seu significado moderno? Hobbes! Nossos autores, portanto, também veem "duplicado" e perdem o fio da meada, criticando a ciência mas engolindo a política como a única fonte de explicações válida. Mas quem nos oferece essa forma assimétrica de explicar o saber pelo poder? Hobbes novamente, e sua construção de uma macroestrutura monista na qual o único lugar que cabe ao conhecimento é o de sustentar a ordem social. Os autores desconstroem magistralmente a evolução, a difusão e a banalização da bomba de ar. Por que então não desconstroem a evolução, a difusão e a banalização do "poder" ou da "força"? A "força" seria menos problemática do que a elasticidade do ar? Se a natureza e a epistemologia não são constituídas de entidades trans-históricas, então a história e a sociologia também não o serão — a menos que adotemos a posição assimétrica dos autores e que sejamos simultaneamente construtivistas para a natureza e racionalistas para a sociedade! Mas é pouco provável que a elasticidade do ar tenha fundamentos mais políticos do que a própria sociedade inglesa...

Representação científica e representação política

Se formos até o fim da simetria entre as duas invenções de nossos dois autores, compreenderemos que Boyle não apenas cria um discurso científico enquanto Hobbes faria o mesmo para a política; Boyle cria um discurso político de onde a política deve estar excluída, enquanto Hobbes imagina uma política científica da qual a ciência experimental deve estar excluída. Em outras palavras, eles inventaram nosso mundo moderno, *um mundo no qual a representação das coisas por intermédio do laboratório encontra-se para sempre dissociada da representação dos cidadãos por intermédio do contrato social*. Não foi, portanto, de forma alguma por engano que os filósofos políticos esqueceram tudo aquilo que se relaciona à ciência de Hobbes enquanto os historiadores da ciência esqueceram as posições de Boyle sobre a política das ciências. Era preciso, doravante, que cada um "visse duplicado" e não fosse estabelecida uma relação direta entre a representação dos não-humanos e a dos humanos, entre a artificialidade dos fatos e a artificialidade do corpo político. A palavra "representação" é a mesma, mas a controvérsia entre Hobbes e Boyle tornou impensá-

Constituição

41

vel a similitude dos dois sentidos da palavra. Hoje em dia, quando não somos mais totalmente modernos, os dois sentidos aproximam-se novamente.

Os dois ramos do governo elaborados por Boyle e Hobbes, cada um de seu lado, só possuem autoridade quando claramente separados: o Estado de Hobbes é impotente sem a ciência e a tecnologia, mas Hobbes fala apenas da representação dos cidadãos nus; a ciência de Boyle é impotente sem uma delimitação precisa das esferas religiosa, política e científica, e é por isso que ele está tão concentrado em suprimir o monismo de Hobbes. São dois pais fundadores, agindo em conjunto para promover uma única e mesma inovação na teoria política: cabe à ciência a representação dos não-humanos, mas lhe é proibida qualquer possibilidade de apelo à política; cabe à política a representação dos cidadãos, mas lhe é proibida qualquer relação com os não-humanos produzidos e mobilizados pela ciência e pela tecnologia. Hobbes e Boyle brigam para definir os dois recursos que ainda hoje utilizamos sem pensar no assunto, e a intensidade de sua dupla batalha revela bem a estranheza daquilo que inventam.

Hobbes define um cidadão nu e calculador que constitui o Leviatã, esse deus mortal, essa criatura artificial. Como o Leviatã se sustenta? Por meio do cálculo dos átomos humanos gerado pelo contrato, que decide sobre a irreversível composição da força de todos nas mãos de um só. Do que é feita essa força? Da autorização dada por todos os cidadãos nus a um só para falar em seu nome. Quem age quando ele age? Nós, que delegamos a ele, definitivamente, nosso poder. A República é uma criatura artificial paradoxal, composta de cidadãos unidos apenas pela autorização dada a um só para representar todos. O soberano falaria em seu nome ou em nome daqueles que o autorizam? Questão insolúvel que a filosofia moderna não cessará de desembaralhar. De fato é o soberano que fala, mas são os cidadãos que falam através dele. O soberano torna-se o porta-voz dos cidadãos, sua persona, sua personificação. Ele os traduz e portanto pode traí-los. Eles o autorizam e portanto podem interditá-lo. O Leviatã é feito apenas de cidadãos, de cálculos, de acordos e de disputas. Resumindo, é feito apenas de relações sociais. Ou antes, com Hobbes e seus seguidores, começamos a compreender o que significam relações sociais, poderes, forças, sociedades.

Mas Boyle define um artefato ainda mais estranho. Ele inventa o laboratório, no interior do qual máquinas artificiais criam fenômenos por inteiro. Ainda que artificiais, caros, difíceis de reproduzir e apesar do pequeno número de testemunhas confiáveis e treinadas, esses fatos representam a natureza tal como ela é. Os fatos são produzidos e representados no laboratório, nos escritos científicos, admitidos e autorizados pela comunidade nascente de testemunhas. Os cientistas são os representantes escrupulosos dos fatos. Quem fala quando eles falam? Os próprios fatos, sem dúvida nenhuma, mas também seus porta-vozes autorizados. Quem fala, então: a natureza ou os homens? Questão insolúvel com a qual a filosofia das ciências modernas vai se debater durante três séculos. Em si mesmos os fatos são mudos, as forças naturais são mecanismos brutos. E no entanto os cientistas afirmam que não são eles que falam, mas os fatos é que falam por si mesmos. Estes mudos são portanto capazes de falar, de escrever, de significar no recinto artificial do laboratório ou naquele, ainda mais rarefeito, da bomba de vácuo. Pequenos grupos de cavalheiros fazem com que as forças naturais testemunhem, e testemunham uns pelos outros que eles não traem, mas antes traduzem o comportamento silencioso dos objetos. Com Boyle e seus discípulos, começamos a conceber o que é uma força natural, um objeto mudo, mas dotado de sentidos.

Em seus debates comuns, os descendentes de Hobbes e de Boyle nos fornecem os recursos que usamos até hoje: de um lado, a força social, o poder; do outro, a força natural, o mecanismo. De um lado, o sujeito de direito; do outro, o objeto da ciência. Os porta-vozes políticos irão representar a multidão turbulenta e calculadora dos cidadãos; os porta-vozes científicos vão doravante representar a multidão muda e material dos objetos. Os primeiros traduzem seus mandantes, que não saberiam falar todos ao mesmo tempo; os segundos traduzem seus representados, que são mudos de nascimento. Os primeiros podem trair, os segundos também. No século XVII, a simetria ainda é visível, os porta-vozes ainda disputam entre si, acusando-se mutuamente de multiplicar as fontes de conflito. Basta apenas um pequeno esforço para que sua origem comum torne-se invisível, para que só haja porta-voz do lado dos homens, para que a mediação dos cientistas torne-se invisível. Em breve a palavra "representação" tomará dois sentidos diferentes, dependendo se se trata de eleitos ou de coisas.

As garantias constitucionais dos modernos

Se a Constituição moderna inventa uma separação entre o poder científico encarregado de representar as coisas e o poder político encarregado de representar os sujeitos, não devemos tirar disto a conclusão que os sujeitos estão longe das coisas. Hobbes, em seu *Leviatã*, refaz ao mesmo tempo a física, a teologia, a psicologia, o direito, a exegese bíblica e a ciência política. Em seus escritos e suas cartas, Boyle redesenha ao mesmo tempo a retórica científica, a teologia, a política científica, a ciência política e a hermenêutica dos fatos. Em conjunto eles descrevem como Deus deve reinar, como o novo rei da Inglaterra deve legislar, como os espíritos ou os anjos devem agir, quais as propriedades da matéria, como se deve questionar a natureza, quais os limites da discussão científica ou política, como manter a plebe em rédea curta, quais os direitos e os deveres das mulheres, o que devemos esperar da matemática. Na prática, portanto, eles se situam na velha matriz antropológica, repartem as competências das coisas e das pessoas, e ainda não fazem nenhuma separação entre a pura força social e o puro mecanismo natural.

Aí está todo o paradoxo moderno: se levarmos em consideração os híbridos, estamos apenas diante de mistos de natureza e cultura; se considerarmos o trabalho de purificação, estamos diante de uma separação total entre natureza e cultura. É a relação entre as duas tarefas que eu gostaria de compreender. Enquanto Boyle e Hobbes metem-se ambos em política, religião, técnica, moral, ciência e direito, eles repartem as tarefas entre si de forma que um se limita à ciência das coisas e o outro à política dos homens. Qual a relação íntima entre seus dois movimentos? Será essa purificação necessária para permitir essa proliferação? Serão necessárias centenas de híbridos para que haja uma política simplesmente humana e coisas simplesmente naturais? Será necessária essa distinção absoluta entre os dois movimentos para que permaneçam ambos eficazes? Como explicar a potência desse arranjo? Qual é então o segredo do mundo moderno? Para tentar captá-lo, é preciso generalizar os resultados de Shapin e Schaffer e definir a Constituição completa — Hobbes e Boyle escreveram apenas um de seus primeiros esboços.

Como para qualquer Constituição, é preciso medir as garantias que ela oferece. O poder natural que os descendentes de Boyle definiram em oposição aos descendentes de Hobbes, e que permite que os objetos mudos falem através de porta-vozes científicos fiéis e disciplinados, oferece uma garantia capital: não são os homens que fazem a natureza, ela existe desde sempre e sempre esteve presente, tudo que fazemos é descobrir seus segredos. O poder político que define os descendentes de Hobbes em oposição aos descendentes de Boyle faz os cidadãos falarem por uma só voz, por meio da tradução/traição de um soberano, o qual diz apenas aquilo que eles dizem. Esse poder oferece uma garantia igualmente capital: são os homens e apenas os homens que constroem a sociedade e que decidem livremente acerca de seu destino.

Se, assim como a filosofia política moderna, considerarmos estas duas garantias separadamente, elas continuam a ser incompreensíveis. Se a natureza não é feita pelos homens nem para eles, então ela continua estrangeira, para sempre longínqua e hostil. Sua própria transcendência nos esmaga ou a torna inacessível. Simetricamente, se a sociedade é feita apenas pelos homens e para eles, o Leviatã, criatura artificial da qual somos ao mesmo tempo a forma e a matéria, não saberia se manter em pé. Sua própria imanência o dissiparia imediatamente na guerra de todos contra todos. Mas não é separadamente que devemos considerar essas duas garantias constitucionais, a primeira assegurando a não-humanidade da natureza e a segunda, a humanidade do social. Elas foram criadas juntas. Sustentam-se mutuamente. A primeira e a segunda garantias servem de contrapeso mútuo, de *checks and balances. Elas são apenas dois ramos do mesmo governo*.

Olhando-as em conjunto, e não separadamente, iremos perceber que as garantias se invertem. Os descendentes de Boyle não

Constituição

dizem apenas que as leis da natureza escapam ao nosso controle, eles também as fabricam no laboratório. Apesar de sua construção artificial na bomba de vácuo — é a fase de mediação ou tradução —, os fatos escapam totalmente a toda e qualquer fabricação humana — é a fase de purificação. Os descendentes de Hobbes não afirmam apenas que os homens fazem a sua própria sociedade com as suas próprias mãos, mas também que o Leviatã é durável e sólido, imenso e forte, que mobiliza o comércio, as invenções, as artes, e que o soberano tem em suas mãos a espada de aço temperado e o cetro de ouro. Apesar de sua construção humana, o Leviatã ultrapassa infinitamente o homem que o criou, pois mobiliza em seus poros, em seus vasos, em seus tecidos as coisas inumeráveis que lhe dão sua consistência e duração. E no entanto, apesar dessa durabilidade obtida pela mobilização das coisas — que revela o trabalho da mediação —, somos nós e somente nós que o constituímos unicamente pela força de nosso cálculo, nós, pobres cidadãos nus e desarmados — conforme é demonstrado pelo trabalho de purificação.

Mas essas duas garantias são contraditórias, não apenas uma em relação à outra, mas cada uma por si mesma, uma vez que se valem ao mesmo tempo da transcendência e da imanência. Boyle e seus inumeráveis sucessores jamais cessarão de construir artificialmente a natureza e, ao mesmo tempo, de dizer que a descobrem; Hobbes e os cidadãos recentemente definidos não deixarão de construir o Leviatã pelo cálculo e pela força social, mas recrutarão sempre mais objetos para sustentá-lo de forma durável. Mentem? Enganam-se? Nos enganam? Não, pois acrescentam uma terceira garantia constitucional: primeiramente, a separação completa entre o mundo natural — entretanto, construído pelo homem — e o mundo social — entretanto, sustentado pelas coisas —, e, em segundo lugar, a separação total entre o trabalho dos híbridos e o trabalho da purificação. As duas primeiras garantias só serão contraditórias enquanto a terceira não afastá-las para sempre uma da outra, fazendo de uma simetria por demasiado óbvia duas assimetrias contraditórias que a prática resolve sem nunca poder expressar.

Figura 2

PRIMEIRO PARADOXO

A natureza não é uma construção
nossa: ela é transcendente
e nos ultrapassa infinitamente.

A sociedade é uma construção
nossa: ela é imanente
à nossa ação.

SEGUNDO PARADOXO

Nós construímos artificialmente
a natureza no laboratório:
ela é imanente.

Não construímos a sociedade,
ela é transcendente
e nos ultrapassa infinitamente.

CONSTITUIÇÃO

Primeira garantia: ainda que
sejamos nós que construímos
a natureza, ela existe como
se nós não a construíssemos.

Segunda garantia: ainda que não
sejamos nós que construímos
a sociedade, ela existe como
se nós a construíssemos.

Terceira garantia: a natureza e a sociedade
devem permanecer absolutamente distintas;
o trabalho de purificação deve permanecer
absolutamente distinto do trabalho de mediação.

Serão necessários muitos outros autores, muitas outras instituições, muitos outros regulamentos para completar esse movimento esboçado pela disputa exemplar de Hobbes e Boyle. Mas a estrutura do conjunto pode ser, agora, facilmente captada: essas três garantias vistas em conjunto irão permitir a mudança de escala dos modernos. Eles poderão fazer com que a natureza intervenha em todos os pontos na construção de suas sociedades, sem deixar, com isso, de atribuir-lhe sua transcendência radical; poderão tornar-se os únicos atores de seu próprio destino político, sem deixar, com isso, de sustentar sua sociedade por meio da mobilização da natureza. De um lado, a transcendência da natureza não irá impedir sua imanência social; do outro, a imanência do social não irá impedir o Leviatã de permanecer transcendente. É preciso confessar que é uma bela construção, que permite fazer tudo sem estar limitado por nada. Não é de estranhar que essa Constituição tenha permitido, como se dizia outrora, "liberar algumas forças produtivas"...

A QUARTA GARANTIA: A DO DEUS BARRADO

Era preciso, entretanto, evitar o restabelecimento de uma simetria demasiado perfeita entre as duas garantias da Constituição, o que teria impedido seu duo de trabalhar a todo vapor. Era preciso que uma quarta garantia resolvesse a questão de Deus, afastando-o para sempre da dupla construção social e natural, deixando-o ao mesmo tempo apresentável e intercambiável. Os sucessores de Hobbes e Boyle dedicaram-se à tarefa com sucesso, os primeiros esvaziando a natureza da presença divina, os segundos esvaziando a sociedade de qualquer origem divina. O poder científico "não mais precisava dessa hipótese"; quanto aos políticos, podiam fabricar o "deus mortal" do Leviatã sem mais se ocupar com o Deus imortal cuja Escritura, já em Hobbes, só era interpretada pelo soberano de forma figurativa. Ninguém é realmente moderno se não aceitar afastar Deus tanto do jogo das leis da natureza quanto das leis da República. Deus tornou-se o Deus barrado da metafísica, tão diferente do Deus pré-moderno dos cristãos quanto a natureza construída em laboratório o é da antiga *physis* ou quanto a sociedade o é do velho coletivo antropológico todo povoado por não-humanos.

Mas um afastamento demasiado completo teria privado os modernos de um recurso crítico que lhes permitia completar seu dispositivo. Os gêmeos natureza e sociedade estariam suspensos sobre o vazio sem que ninguém pudesse decidir, em caso de conflito, qual dos dois ramos do governo deveria predominar sobre o outro. Pior ainda, sua simetria teria aparecido claramente. Os modernos aplicaram ao Deus barrado o mesmo desdobramento que haviam aplicado à natureza e à sociedade. Sua transcendência o afastava infinitamente, de forma que ele não atrapalhava nem a ação livre da natureza, nem a da sociedade, mas conservava-se, de qualquer forma, o direito de apelar a essa transcendência em caso de conflito entre as leis da natureza e as da sociedade. O homem moderno podia, então, ser ateu ao mesmo tempo em que permanecia religioso. Podia invadir o mundo material e recriar livremente o mundo social, sem com isso sentir-se um órfão demiurgo abandonado por todos.

Ao reinterpretar os antigos temas teológicos dos cristãos, foi possível realizar, ao mesmo tempo, a transcendência de Deus e sua imanência. Mas esse longo trabalho da Reforma do século XVI teria chegado a resultados muito diferentes caso não se misturasse ao trabalho do século XVII sobre a invenção conjunta dos fatos científicos e dos cidadãos (Eisenstein, 1991). A espiritualidade foi reinventada, isto é, a descida do Deus todo-poderoso ao foro íntimo sem que Ele interviesse em nada no foro exterior. Uma religião totalmente individual e espiritual permitia criticar tanto o domínio da ciência quanto o da sociedade, sem com isto obrigar Deus a intervir em uma ou na outra. Tornava-se possível, para os modernos, serem ao mesmo tempo laicos e piedosos. A garantia constitucional não era dada por um Deus supremo, mas sim por um Deus ausente — e contudo sua ausência não impedia que dele se dispusesse à vontade na intimidade do coração. Sua posição tornava-se ideal, uma vez que era colocado duas vezes entre parênteses. Uma primeira vez na metafísica, uma segunda na espiritualidade. Não mais atrapalharia o desenvolvimento dos modernos, ao mesmo tempo em que permanecia eficaz e prestativo no espírito isolado dos humanos isolados.

Três vezes a transcendência e três vezes a imanência em uma tabela que tranca todas as possibilidades. Nós não criamos a natureza; nós criamos a sociedade; nós criamos a natureza; nós não criamos a sociedade; nós não criamos nem uma nem outra, Deus criou tudo; Deus não criou nada, nós criamos tudo. Nada compreendemos dos modernos se não vemos que as quatro garantias servem umas às outras de *checks and balances*. As duas primeiras permitem alternar as fontes de poder ao passar sem dificuldades da pura força natural à pura força política, e inversamente. A terceira garantia impede qualquer contaminação entre aquilo que pertence à natureza e aquilo que pertence à política, ao mesmo tempo em que as duas primeiras garantias permitem a alternância rápida entre uma e outra. A contradição seria por demais visível entre a terceira, que separa, e as duas primeiras, que alternam? Não, porque a quarta garantia constitucional estabelece como árbitro um Deus infinitamente distante que é ao mesmo tempo completamente impotente e juiz soberano.

A modernidade não tem nada a ver com a invenção do humanismo, com a irrupção das ciências, com a laicização da sociedade, ou com a mecanização do mundo. Ela é a produção conjunta dessas três duplas de transcendência e imanência, através de uma longa história da qual apresentei apenas uma etapa por intermédio das figuras de Hobbes e Boyle. O ponto essencial dessa Constituição moderna é o de tornar invisível, impensável, irrepresentável o trabalho de mediação que compõe os híbridos. Seria isto capaz de interromper esse trabalho? Não, pois o mundo moderno pararia imediatamente de funcionar, uma vez que ele vive da ação de mistura, como todos os outros coletivos. A beleza do dispositivo surge aqui inteiramente iluminada. A Constituição moderna permite, pelo contrário, a proliferação multiplicada dos híbridos cuja existência — e mesmo a possibilidade — ela nega. Valendo-se três vezes seguidas da mesma alternância entre transcendência e imanência, torna-se possível mobilizar a natureza, coisificar o social e sentir a presença espiritual de Deus, mantendo firmemente, ao mesmo tempo, que a natureza nos escapa, que a sociedade é nossa obra e que Deus não interfere mais. Quem teria resistido a uma tal construção? Foi realmente preciso que acontecimentos inusitados viessem enfraquecer esse potente mecanismo para que, hoje, eu possa descrevê-lo com essa distância e essa simpatia de etnólogo para com um mundo em via de desaparecimento.

A POTÊNCIA DA CRÍTICA

No momento mesmo em que as capacidades críticas dos modernos se enfraquecem, é conveniente medir, pela última vez, sua prodigiosa eficácia.

Liberados da hipoteca religiosa, tornaram-se capazes de criticar o obscurantismo dos antigos poderes ao desvelarem os fenômenos naturais que estes dissimulavam — ao mesmo tempo em que inventavam os fenômenos na redoma artificial do laboratório. As leis da natureza permitiram que as primeiras Luzes demolissem totalmente as pretensões mal fundamentadas dos preconceitos humanos. Ao aplicar seu padrão de leitura, viram nos antigos híbridos apenas misturas indevidas que era preciso purificar, separando os mecanismos naturais das paixões, dos interesses ou da ignorância dos humanos. Todas as formas de pensar de outrora tornaram-se ineptas ou aproximativas. Ou, antes, a simples aplicação da Constituição moderna define um "outrora" absolutamente diferente do belo presente (ver abaixo). O obscurantismo das idades antigas, que misturavam indevidamente necessidades sociais e realidade natural, dava lugar a uma aurora luminosa que separava claramente os encadeamentos materiais e a fantasia dos homens. As ciências naturais definiam a natureza, e cada disciplina foi vivenciada como uma revolução total através da qual ela se desvencilhava enfim do Antigo Regime. Ninguém é moderno se não sentiu a beleza dessa aurora e não vibrou com suas promessas.

Mas a crítica não se dirigiu apenas da natureza para os preconceitos humanos. Ela logo começou a percorrer a outra direção, que levava das ciências sociais recém-fundadas à falsa natureza. Essas foram as segundas Luzes, as do século XIX. Desta vez, o conhecimento preciso da sociedade e de suas leis permitiu criticar não apenas os preconceitos do obscurantismo usual, como também os novos preconceitos das ciências naturais. Solidamente apoiado na ciência da sociedade, tornava-se possível distinguir nas outras ciências uma parte realmente científica e uma outra devida à ideologia — a acusação crítica por excelência. Nos mistos das primeiras Luzes, as segundas viram apenas uma mistura inaceitável que era preciso purificar, separando cuidadosamente a parte que se referia às coisas-em-si e a parte devida ao funcionamento da economia, ao inconsciente, à linguagem ou aos símbolos. Todos as formas de pensar de outrora — aí incluídas certas ciências — tornaram-se ineptas ou aproximativas. Ou antes, uma sucessão de revoluções radicais criou, por contraste, um "outrora" obscuro, em breve dissipado pela aurora luminosa das ciências sociais. As armadilhas da naturalização e da ideologia científica se dissipavam,

Constituição

finalmente. Ninguém é moderno se não ansiou por essa aurora e não vibrou com suas promessas.

Tornou-se mesmo possível aos invencíveis modernos combinar as duas, valendo-se das ciências naturais para criticar as falsas pretensões do poder e utilizando as certezas das ciências humanas para criticar as falsas pretensões das ciências e da dominação científica. O saber total estava, enfim, ao alcance da mão. Se o marxismo pareceu, durante um longo tempo, incontornável, foi porque ele cruzava, de fato, os dois recursos mais poderosos já desenvolvidos pela crítica e os trancava para sempre. Ele permitia conservar a parte de verdade das ciências naturais e sociais, ao mesmo tempo em que eliminava cuidadosamente sua parte maldita, sua ideologia. Ele encerrava — nos dois sentidos da palavra, como iríamos em breve descobrir — todas as esperanças das primeiras Luzes, bem como as das segundas. A distinção necessária entre os mecanismos materiais e as ilusões do obscurantismo, assim como a segunda distinção entre a ciência e a ideologia permanecem, hoje, as duas principais fontes da indignação moderna, ainda que não possam mais trancar a discussão como os marxistas faziam, e ainda que seu capital de crítica encontre-se, hoje, disseminado pelas mãos de milhões de pequenos acionistas. Quem nunca sentiu vibrar dentro de si essa dupla potência, ou quem nunca foi obstinado pela distinção entre o racional e o irracional, entre falsos saberes e verdadeiras ciências, jamais foi moderno.

Figura 3

Ponto de referência	Possibilidade crítica
Transcendência da natureza	*Nada podemos contra as leis naturais*
Imanência da natureza	*Possibilidades ilimitadas*
Imanência da sociedade	*Somos totalmente livres*
Transcendência da sociedade	*Nada podemos contra as leis sociais*

Solidamente apoiado na certeza transcendental das leis da natureza, o moderno pode criticar e desvendar, denunciar e se indignar ante as crenças irracionais e as dominações não justificadas. Solidamente apoiado na certeza de que o homem constrói seu próprio destino, o moderno pode criticar e desvendar, denunciar e se indignar ante as crenças irracionais, as ideologias científicas, a dominação não justificada dos especialistas que pretendem traçar os limites à ação e à liberdade. Apenas a transcendência de uma natureza que não é obra nossa, e apenas a imanência de uma sociedade que construímos por completo, paralisariam, no entanto, os modernos, por demais impotentes diante das coisas e por demais potentes na sociedade. Que enorme vantagem poder inverter os princípios sem que haja mesmo uma aparência de contradição. A natureza transcendente permanece, apesar de tudo, mobilizável, humanizável, socializável. Os laboratórios, as coleções, os centros de cálculo e de lucro, os institutos de pesquisa e os escritórios de especialistas misturam essa natureza, diariamente, aos múltiplos destinos dos grupos sociais. Inversamente, apesar de construirmos a sociedade por inteiro, ela dura, nos ultrapassa, nos domina; ela tem suas leis; ela é tão transcendente quanto a natureza. Isto porque os laboratórios, as coleções, os centros de cálculo e de lucro, os institutos de pesquisa e os escritórios de especialistas traçam diariamente os limites da liberdade dos grupos sociais e transformam as relações humanas em coisas duráveis que ninguém criou. É nesta dupla linguagem que reside a potência crítica dos modernos: eles podem mobilizar a natureza no seio das relações sociais, ao mesmo tempo em que a mantêm infinitamente distante dos homens; eles são livres para construir e desconstruir sua sociedade, ao mesmo tempo em que tornam suas leis inelutáveis, necessárias e absolutas.

A invencibilidade dos modernos

Por crer na separação total dos humanos e dos não-humanos, e por simultaneamente anular esta separação, a Constituição tornou os modernos invencíveis. Se você os critica dizendo que a natureza é um mundo construído pelas mãos dos homens, eles mostram que ela é transcendente e que eles não a tocam. Se você lhes disser que a sociedade é transcendente e que suas leis nos ultrapassam infinitamente, irão dizer que somos livres e que nosso destino está apenas em nossas mãos. Se você lhes fizer uma objeção, apontando uma duplicidade, irão mostrar que não misturam nunca as leis da natureza e a imprescritível liberdade humana. Se você acreditar neles e desviar sua atenção, irão aproveitar para introduzir milhares de objetos da natureza no corpo social, atribuindo a esse corpo a solidez das coisas naturais. Se você se virar bruscamente, como na brincadeira infantil "um, dois, três, estátua!", eles ficarão paralisados, com ar inocente, como se não tivessem se mexido: à esquerda, as coisas-em-si; à direita, a sociedade livre dos sujeitos falantes e pensantes. Tudo acontece no meio, tudo transita entre as duas, tudo ocorre por mediação, por tradução e por redes, mas essa posição não existe, não tem lugar. É o impensado, o impensável dos modernos. O que poderia ser melhor para estender os coletivos do que aliar a transcendência da natureza e a total liberdade humana, incorporando ao mesmo tempo a natureza e limitando de forma absoluta as margens de liberdade? Isso permite, de fato, fazer tudo e seu contrário.

Os índios não estavam errados ao dizer que os brancos tinham a língua dividida. Ao separar as relações de força política das relações de razões científicas — mas sempre apoiando a força sobre a razão e a razão sobre a força — os modernos sempre tiveram duas cartas na manga. Tornaram-se invencíveis. Você acredita que o trovão é uma divindade? A crítica irá mostrar que se trata, neste caso, de mecanismos físicos sem influência sobre os acontecimentos do mundo humano. Você está preso em uma economia tradicional? A crítica irá mostrar que os mecanismos físicos podem transtornar a evolução do mundo humano ao mobilizarem gigantescas forças produtivas. Você acredita que os espíritos dos ancestrais o prendem eternamente a suas leis? A crítica irá mostrar que os espíritos e as leis são construções sociais que você tomou para si. Você pensa que pode fazer tudo e desenvolver sociedades como bem lhe apetece? A crítica irá mostrar que as leis impiedosas da sociedade e da economia são muito mais inflexíveis que as dos ancestrais. Você se indigna que mecanizemos o mundo? A crítica lhe falará sobre o Deus criador ao qual tudo pertence e que tudo deu ao homem. Você está indignado que a sociedade seja laica? A crítica lhe mostrará que a espiritualidade foi libertada por esse laicismo, e que uma religião completamente espiritual é bem superior. Você pensa ser religioso? A crítica irá rir de você até não poder mais!

Como as outras culturas-naturezas poderiam ter resistido? Tornaram-se, por contraste, pré-modernas. Elas poderiam ter se oposto à natureza transcendente, ou à natureza imanente, ou à sociedade criada pelas mãos dos homens, ou à sociedade transcendente, ou ao Deus distante, ou ao Deus íntimo. Mas como resistir à combinação dos seis? Ou antes, elas teriam conseguido resistir se os seis recursos da crítica fossem visíveis em conjunto, como uma única operação, assim como os retraço hoje. Mas estes recursos pareciam estar separados, em conflito uns com os outros, misturando ramos do governo que se digladiavam, cada um deles apelando a fundamentos distintos. Além disso, todos estes recursos críticos da purificação eram imediatamente refutados pela prática de mediação sem que, por isso, esta contradição tivesse qualquer influência quer sobre a diversidade das fontes de poder, quer sobre sua unidade dissimulada.

Os modernos sentiram-se livres das últimas restrições que ainda podiam limitar sua expansão. Os pobres coletivos pré-modernos foram acusados de misturar horrivelmente as coisas e os humanos, enquanto seus acusadores conseguiram enfim separá-los totalmente — para remisturá-los logo em seguida numa escala jamais vista até então... E como, ademais, os modernos estenderam essa Grande Divisão no tempo, depois de a terem estendido no espaço, sentiram-se absolutamente livres para não mais seguir as restrições ridículas de seu passado que exigia que pessoas e coisas fossem levadas em conta ao mesmo tempo. Eles, contudo, levavam em conta muito mais coisas e muito mais pessoas...

Você nem mesmo pode acusá-los de serem descrentes. Diga-lhes que são ateus, e eles falarão sobre o Deus todo-poderoso infinitamente afastado para além do mundo. Diga-lhes que esse Deus barrado é bem estrangeiro, e eles dirão que Deus fala na intimida-

Constituição

de do coração e que, apesar de suas ciências e políticas, nunca deixaram de ser morais e piedosos. Se você se espantar com uma religião que não tem nenhuma influência sobre os rumos do mundo e da sociedade, eles irão dizer que essa religião julga ambos. Se você pedir para ler esses julgamentos, irão objetar que a religião ultrapassa infinitamente a ciência e a política, e que ela não seria capaz de influenciá-las, ou que a religião é uma construção social ou ainda um efeito dos neurônios.

O que lhes dizer, então? Eles detêm todas as fontes de poder, todas as possibilidades críticas, mas as deslocam de instância em instância com tal rapidez que nunca é possível pegá-los com a mão na massa. Sim, decididamente, eles são, foram, quase foram, acreditaram-se invencíveis.

O QUE A CONSTITUIÇÃO ESCLARECE E O QUE ELA OBSCURECE

Entretanto, o mundo moderno jamais existiu, no sentido que jamais funcionou de acordo com as regras de sua Constituição, separando as três regiões do Ser das quais falei e recorrendo, separadamente, aos seis recursos da crítica. A prática de tradução foi sempre diferente das práticas de purificação. Ou antes, mesmo esta diferença encontra-se inscrita na Constituição, já que o jogo duplo entre imanência e transcendência de cada uma das três instâncias permite fazer tudo e seu contrário. Nunca houve Constituição que permitisse na prática tal margem de manobra. Mas o preço a pagar por esta liberdade foi que os modernos permaneceram incapazes de pensar a si mesmos. Todo o trabalho de mediação escapa do quadro constitucional que o traça e o nega.

Não há nenhuma relação simples entre as características de um momento histórico e a questão de saber se ele é ou não moderno. A modernidade seria portanto uma ilusão? Não, é muito mais que uma ilusão, e muito menos que uma essência. É uma força acrescentada a outras, as quais por muito tempo teve o poder de representar, de acelerar ou de resumir, mas a partir de agora não mais, não completamente. A revisão que proponho é parecida com a realizada sobre a Revolução francesa há cerca de vinte anos — e as duas são na verdade uma única, como veremos a seguir. Desde os anos 1970, compreendemos que a leitura revolucionária da Revolução acrescenta-se aos acontecimentos da época, organiza a historiografia desde 1789, porém não mais define os acontecimentos em si (Furet, 1978). Como Furet propõe, é preciso distinguir a Revolução "modalidade da ação histórica" e a "Revolução processo". Os acontecimentos de 1789 não foram revolucionários, assim como o mundo moderno não foi moderno. Os atores e cronistas de 1789 usaram a noção de revolução para compreender o que lhes acontecia e para modificar seu destino. Da mesma forma, a Constituição moderna existe e age na história, de fato, porém não mais define aquilo que aconteceu conosco. A modernidade ainda espera seu Tocqueville e as revoluções científicas seu François Furet.

A modernidade, entretanto, não é a falsa consciência dos modernos, e devemos prestar atenção para reconhecer na Constituição, assim como na ideia de Revolução, uma eficácia própria. Longe de ter eliminado o trabalho de mediação, ela permitiu seu crescimento. Da mesma forma como a ideia de Revolução levou os revolucionários a tomarem decisões irreversíveis que não teriam ousado sem ela, a Constituição forneceu aos modernos a audácia de mobilizar coisas e pessoas em uma escala que seria proibitiva sem ela. Esta modificação de escala não foi obtida, como os modernos acreditam, através da separação dos humanos e não-humanos, mas sim, pelo contrário, pela amplificação de sua mistura. Este crescimento é, por sua vez, facilitado pela ideia de uma natureza transcendente — contanto que permaneça mobilizável —, pela ideia de uma sociedade livre — contanto que permaneça transcendente — e pela ausência de toda e qualquer divindade — contanto que Deus fale ao coração. Enquanto seus contrários permanecerem simultaneamente presentes e impensáveis e o trabalho de mediação multiplicar os híbridos, estas três ideias permitem a capitalização em grande escala. Os modernos pensam que só conseguiram tal expansão por terem separado cuidadosamente a natureza e a sociedade (e colocado Deus entre parênteses), quando na verdade só o fizeram por terem misturado massas muito maiores

Constituição

de humanos e não-humanos, sem colocar nada entre parênteses e sem proibir qualquer tipo de combinação! Foram gerados pela ligação do trabalho de purificação e do trabalho de mediação, mas só atribuem os motivos de seu sucesso ao primeiro.

A solução deste paradoxo talvez não seja tão difícil. Para ousar tais combinações, é importante acreditar que elas não têm qualquer tipo de consequências graves sobre a ordem constitucional. O dualismo natureza/sociedade é indispensável aos modernos para que possam, justamente, aumentar a escala dos mistos entre objetos e sujeitos. Os pré-modernos, por no fundo serem todos monistas na constituição de suas naturezas-culturas, se acreditarmos no que dizem os antropólogos (Lévi-Strauss, 1952), se proíbem, pelo contrário, de praticar aquilo que suas representações aparentemente permitiriam. "O indígena é um capitalizador lógico", disse Lévi-Strauss, "ele refaz, sem cessar, os laços, redobra incansavelmente sobre si mesmos todos os aspectos do real, sejam eles físicos, sociais ou mentais" (Lévi-Strauss, 1962, p. 353). Ao saturar com conceitos os mistos de divino, humano e natural, limitam a expansão prática destes mistos. É a impossibilidade de mudar a ordem social sem modificar a ordem natural — e inversamente — que obriga os pré-modernos, desde sempre, a ter uma grande prudência. Todo monstro torna-se visível e pensável, e coloca explicitamente graves problemas para a ordem social, o cosmos ou as leis divinas (Horton, 1990a, 1990b).

> "A homeostasia das 'sociedades frias' da Amazônia, para usar como exemplo os escritos de Descola sobre os achuar, resultaria portanto menos da recusa implícita da alienação política que Clastres creditava aos 'selvagens' do que do efeito de inércia de um sistema de pensamento que só consegue representar o processo de socialização da natureza através das categorias que normatizam o funcionamento da sociedade real. Indo no sentido contrário do determinismo tecnológico que frequentemente impregna as teorias evolucionistas, poderíamos postular aqui que a transformação realizada por uma sociedade em sua base material é condicionada por

uma mutação prévia das formas de organização social que servem de esqueleto ideal ao modo material de produzir" (Descola, 1986, p. 405).

Se, ao contrário, nossa Constituição permite tudo e qualquer coisa, o que há na verdade é a socialização acelerada dos não-humanos, sem no entanto nunca permitir que eles apareçam como elementos da "sociedade real". Os modernos, ao tornarem os mistos impensáveis, ao esvaziarem, varrerem, limparem, purificarem a arena traçada no meio de suas três instâncias, permitiram que a prática de mediação recombinasse todos os monstros possíveis sem que eles tivessem um efeito qualquer sobre a construção da sociedade, e nem mesmo contato com ela. Por mais estranhos que fossem, estes monstros não criavam nenhum problema, uma vez que não existiam socialmente e que suas consequências monstruosas permaneciam inimputáveis. *Aquilo que os pré-modernos sempre proibiram a si mesmos, nós podemos nos permitir, já que nunca há uma correspondência direta entre a ordem social e a ordem natural.*

A bomba de ar de Boyle, por exemplo, poderia parecer uma quimera bastante temível, uma vez que produz artificialmente um vácuo de laboratório, que permite definir ao mesmo tempo as leis da natureza, a ação de Deus e a resolução dos conflitos na Inglaterra da Revolução Gloriosa. De acordo com Horton, o pensamento selvagem teria imediatamente conjurado o perigo. Ora, o século XVII inglês irá, a partir de então, construir a realeza, a natureza e a teologia com a comunidade científica e o laboratório. A elasticidade do ar irá acrescentar-se aos atores que povoavam a Inglaterra. E, no entanto, este recrutamento de um novo aliado não coloca nenhum problema, já que não há quimera, já que nada monstruoso foi produzido, já que tudo que se faz é descobrir as leis da natureza. "Circule, e não há nada para ver." A amplitude da mobilização é diretamente proporcional à impossibilidade de pensar diretamente suas relações com a ordem social. Quanto menos os modernos se pensam misturados, mais se misturam. Quanto mais a ciência é absolutamente pura, mais se encontra intimamente ligada à construção da sociedade. A Constituição moderna acelera

Constituição

ou facilita o desdobramento dos coletivos, mas não permite que sejam pensados.

O FIM DA DENÚNCIA

Quando afirmo que a Constituição, para ser eficaz, deve ignorar aquilo que permite, pratico um desvelamento, que no entanto não afeta mais os mesmos objetos que a crítica e que não é mais ativado pelos mesmos mecanismos. Enquanto aderíamos de boa vontade à Constituição, ela permitia regular o conjunto dos conflitos e servia de fundamento ao espírito crítico, fornecendo às pessoas a justificativa de seus ataques e de suas operações de desvelamento. Mas se o conjunto da Constituição surge agora como sendo apenas uma parte que não mais permite a compreensão de sua outra metade, então é o próprio fundamento da crítica que se encontra mal fundamentado.

Ao recorrer ora à natureza, ora à sociedade e ora a Deus, e ao opor constantemente a transcendência de cada um destes três termos a sua imanência, a mola de nossas indignações encontrava-se bem comprimida. O que seria, de fato, um moderno que não estivesse mais apoiado sobre a transcendência da natureza para criticar o obscurantismo do poder? Sobre a imanência da natureza para criticar a inércia dos humanos? Sobre a imanência da sociedade para criticar a submissão dos homens e os perigos do naturalismo? Sobre a transcendência da sociedade para criticar a ilusão humana quanto a uma liberdade individual? Sobre a transcendência de Deus para apelar contra o julgamento dos homens e contra a obstinação das coisas? Sobre a imanência de Deus para criticar as Igrejas estabelecidas, as crenças naturalistas e os sonhos socialistas? Ele seria um pobre moderno ou então um pós-moderno: sempre tomado pelo desejo violento de denunciar, não teria mais a força necessária para acreditar na legitimidade de nenhum destes seis tribunais de recurso. Retirar a indignação de um moderno significa privá-lo, ao que parece, de qualquer respeito por si mesmo. Retirar dos intelectuais orgânicos e críticos os seis fundamentos de suas denúncias aparentemente é o mesmo que retirar-lhes toda razão para viver. Quando perdemos a adesão sincera à Constituição, não temos a impressão que perdemos o melhor de nós mesmos? Não era esta a origem de nossa energia, de nossa força moral, de nossa deontologia?

E, no entanto, Luc Boltanski e Laurent Thévenot esvaziaram a denúncia moderna em um livro tão importante para este ensaio quando o de Steven Shapin e Simon Schaffer. Fizeram, em relação ao trabalho de indignação crítica, o que François Furet já havia feito em relação à Revolução francesa. "A denúncia acabou": este poderia ser o subtítulo de *Économies de la grandeur* (Boltanski e Thévenot, 1991). Até então, o desvelamento crítico parecia ser algo dado. Era apenas questão de escolher uma causa para a indignação e opor-se às falsas denúncias, colocando nisto toda a paixão desejável. Para nós, modernos, desvelar era a tarefa sagrada. Revelar sob as falsas consciências os verdadeiros cálculos ou sob os falsos cálculos os verdadeiros interesses. Quem ainda não sente, escorrendo pela boca, um resto de espuma desta raiva? Boltanski e Thévenot, porém, inventaram o equivalente de uma vacina antirrábica, comparando tranquilamente todas as fontes de denúncia — as Cidades que fornecem os diversos princípios da justiça —, e cruzando as mil e uma maneiras de que dispomos hoje, na França, para montar um caso na justiça. Eles não denunciam outros. Não os desvelam. Antes, mostram as artimanhas que nós todos usamos para acusar-nos mutuamente. O espírito crítico torna-se um recurso, uma competência entre outras, a gramática de nossas indignações.

Em breve, graças a esta pequena distância introduzida pelo estudo sistemático, não somos mais capazes de aderir completamente a isso. Como continuar acusando com sinceridade quando o mecanismo sacrificatório torna-se tão evidente? Mesmo as ciências humanas deixaram de ser o recurso final que permitiria enfim discernir os motivos reais sob as aparências. Elas também fazem parte da análise (Chateauraynaud, 1991); elas também montam casos na justiça e se indignam e criticam. A tradição das ciências humanas não mais possui o privilégio de sobrepor-se ao ator ao discernir, sob suas ações inconscientes, uma realidade que deveria ser trazida à tona (Boltanski, 1990). As ciências humanas não po-

Constituição   61

dem escandalizar-se, sem com isso passarem a ocupar uma das entradas na tabela de nossos dois amigos. O denunciador é irmão das pessoas comuns que ele tencionava denunciar. "Você é outro deles." Ao invés de acreditarmos realmente nisto, percebemos agora o trabalho de denúncia como uma "modalidade histórica" que atua, é verdade, em nossas atividades, mas que não as explica, assim como a modalidade revolucionária não explicava o processo dos acontecimentos de 1789. Tanto a denúncia quanto a revolução encontram-se hoje esgotadas.

O trabalho de Boltanski e Thévenot conclui este movimento previsto e descrito por René Girard, segundo o qual os modernos não podem mais acusar com sinceridade mas, contrariamente a Girard, eles não desdenham os objetos. Para que o mecanismo sacrificatório funcione, era preciso que o acusado, sacrificado coletivamente por toda a multidão, fosse realmente culpado (Girard, 1978). Quando este se torna um bode expiatório, o mecanismo de acusação passa a ser visível: um pobre joão-ninguém inocente de todo e qualquer crime é injustamente acusado, sem outro motivo que não o de reconciliar o coletivo às suas custas. A passagem do sacrifício ao bode expiatório esgota assim a acusação. Este esgotamento ainda assim não acalma os modernos, já que o motivo de seus crimes em série é justamente o de nunca poder acusar sinceramente um verdadeiro culpado (Girard, 1983). Mas Girard não percebe que, desta forma, ele acusa ainda mais fortemente, uma vez que acusa os objetos de não importarem realmente. Enquanto imaginarmos que nossos conflitos são questões objetivas, estaremos presos na ilusão do desejo mimético. É este desejo, e somente ele, que investe os objetos com um valor que não possuem. Em si mesmos, não contam, não são nada. Ao relevar o processo de acusação, Girard, assim como Boltanski e Thévenot, esgotam para sempre nossa capacidade de acusar. Mas prolongam ainda mais esta tendência dos modernos de desprezar os objetos — e Girard profere esta acusação com toda a sinceridade, acreditando de fato nela e enxergando neste desprezo adquirido a duras penas a mais alta prova de moralidade. Para um denunciador, um denunciador e meio. A importância do livro de Boltanski e Thévenot vem do fato de eles esgotarem a denúncia, ao mesmo tempo em que fazem do objeto envolvido nas provas do julgamento o centro de suas análises.

Sob o julgamento moral por denúncia, há outro julgamento que sempre funcionou por triagem e seleção. Nós o chamamos de arranjo, combinação, *combinazione*, associação, mas também de negociação ou consenso. Péguy dizia que a moral flexível é infinitamente mais exigente que a moral rígida. Ocorre o mesmo com a moral oficiosa que seleciona e reparte incessantemente as soluções práticas dos modernos. Ela é desprezada porque não permite a indignação, mas é ativa e generosa porque segue as inúmeras sinuosidades das situações e das redes. É desprezada porque leva em conta os objetos que não são nem questões arbitrárias de nosso desejo, tampouco simples receptáculo de nossas categorias mentais. Da mesma forma que a Constituição moderna despreza os híbridos que abriga, também a moral oficial despreza os arranjos práticos e os objetos que a sustentam. Sob a oposição dos objetos e dos sujeitos, há o turbilhão dos mediadores. Sob a grandeza moral, há a triagem meticulosa das circunstâncias e dos casos.

Jamais fomos modernos

Posso agora escolher: ou acredito na Constituição moderna, ou então estudo tanto o que ela permite quanto o que proíbe, o que ela revela e o que esconde. Ou defendo o trabalho de purificação — e me torno também um purificador e um vigilante da Constituição —, ou então estudo ao mesmo tempo o trabalho de mediação e o de purificação, mas então deixo de ser realmente moderno.

Ao afirmar que a Constituição moderna não permite sua própria compreensão, ao me dispor a revelar as práticas que permitem sua existência, ao assegurar que o mecanismo crítico se encontra agora revelado, ajo como se entrássemos em uma época nova, sucessora da era moderna. Eu seria então, literalmente, pós-moderno? O pós-modernismo é um sintoma e não uma nova solução. Vive sob a Constituição moderna mas não acredita mais nas garantias que esta oferece. Sente que há algo de errado com a crítica,

Constituição

mas não sabe fazer nada além de prolongar a crítica sem no entanto acreditar em seus fundamentos (Lyotard, 1979). Ao invés de passar para o estudo empírico das redes, que dá sentido ao trabalho de purificação que denuncia, o pós-modernismo rejeita qualquer trabalho empírico como sendo ilusório e enganador. Racionalistas decepcionados, seus adeptos sentem claramente que o modernismo terminou, mas continuam a aceitar sua forma de dividir o tempo e não podem, portanto, recortar as épocas senão através de revoluções que se sucederiam umas às outras. Sentem que vieram "depois" dos modernos, mas com o desagradável sentimento de que não há mais depois. *No future*, é o seu slogan que acrescenta-se ao dos modernos, *No past*. O que lhes resta? Instantes sem referências e denúncias sem fundamento, uma vez que os pós-modernos não mais acreditam nas razões que lhes permitiriam denunciar e indignar-se.

Uma outra solução surge a partir do momento em que seguimos ao mesmo tempo a Constituição e aquilo que ela proíbe ou permite, a partir do momento em que estudamos de perto o trabalho de produção de híbridos e o trabalho de eliminação destes mesmos híbridos. Percebemos então que jamais fomos modernos no sentido da Constituição. A modernidade jamais começou. Jamais houve um mundo moderno. O uso do pretérito é importante aqui, uma vez que se trata de um sentimento retrospectivo, de uma releitura de nossa história. Não estamos entrando em uma nova era; não continuamos a fuga desconcertada dos pós-pós-pós-modernistas; não nos agarramos mais à vanguarda da vanguarda; não tentamos ser ainda mais espertos, ainda mais críticos, aprofundar mais um pouco a era da desconfiança. Não, percebemos que nunca entramos na era moderna. Esta atitude retrospectiva, que desdobra ao invés de desvelar, que acrescenta ao invés de amputar, que confraterniza ao invés de denunciar, que tria ao invés de se indignar, eu a caracterizo através da expressão não-moderno (ou amoderno). É um não-moderno todo aquele que levar em conta ao mesmo tempo a Constituição dos modernos e o povoamento de híbridos que ela nega.

A Constituição explicava tudo mas esquecia o que estava no meio. "Não é nada, nada mesmo", dizia ela sobre as redes, "um simples resíduo." Mas os híbridos, os monstros, os mistos cuja explicação ela abandona são quase tudo, compõem não apenas nossos coletivos mas também os outros, abusivamente chamados de pré-modernos. No exato instante em que as duplas Luzes do marxismo pareciam ter explicado tudo; no exato instante em que a falência de sua explicação total leva os pós-modernos a perderem-se no desespero da autocrítica, tomamos consciência de que as explicações ainda não haviam começado, e que sempre foi assim, que jamais fomos nem modernos, nem críticos, que jamais houve um antigamente ou antigo regime (Mayer, 1983), que nunca deixamos verdadeiramente a velha matriz antropológica — e não podia ser de outra forma.

Perceber que jamais fomos modernos e que estamos separados dos outros coletivos apenas por pequenas divisões não nos torna reacionários. Os antimodernos combatem obstinadamente os efeitos da Constituição, mas aceitam-na por inteiro. Desejam defender os locais, ou o espírito, ou a matéria pura, ou a racionalidade, ou o passado, ou a universalidade, ou a liberdade, ou a sociedade, ou Deus, como se estas entidades existissem realmente e tivessem de fato a forma que lhes é atribuída pela Constituição moderna. Eles variam apenas o signo e a direção de sua indignação. Chegam mesmo a aceitar a maior esquisitice dos modernos, a ideia de um tempo que passaria irreversivelmente e que anularia, atrás de si, todo o passado. Quer se deseje conservar este passado, quer se deseje aboli-lo, em ambos os casos é mantida a ideia revolucionária por excelência de que uma revolução é possível. Ora, esta ideia em si nos parece exagerada, uma vez que a revolução é um recurso em meio a tantos outros em histórias que não têm nada de revolucionário, nada de irreversível. "Potencialmente" o mundo moderno é uma invenção total e irreversível que rompe com o passado, da mesma forma que "potencialmente" as revoluções francesa ou bolchevique são as parteiras de um novo mundo. "Em rede", o mundo moderno, assim como as revoluções, permite apenas prolongamentos de práticas, acelerações na circulação dos conhecimentos, uma extensão das sociedades, um crescimento do número de actantes, numerosos arranjos de antigas crenças. Quando olhamos para elas "em rede", as inovações dos ocidentais

Constituição

permanecem reconhecíveis e importantes, mas não há o bastante aí para se construir toda uma história, uma história de ruptura radical, de destino fatal, de tristezas ou felicidades irreversíveis.

Tanto os antimodernos quanto os pós-modernos aceitaram o terreno de seus adversários. Um outro terreno, muito mais vasto, muito menos polêmico, encontra-se aberto para nós, o terreno dos mundos não-modernos. É o Império do Meio, tão vasto quanto a China, tão desconhecido quanto ela.

3.
REVOLUÇÃO

Os modernos, vítimas de seu sucesso

Se o aparelho crítico dos modernos os tornava invencíveis, por que eles hoje hesitam quanto a seu destino? Se a eficácia da Constituição dependia justamente de sua parte obscura, por que posso agora conectá-la a sua parte luminosa? É de fato necessário que a conexão entre os dois conjuntos de práticas tenha mudado muito para que eu possa seguir ao mesmo tempo as práticas de purificação e as de tradução. Se não podemos mais aderir com toda a sinceridade às tarefas da modernização, é porque alguns obstáculos imprevistos vieram bloquear sua mecânica. O que aconteceu para que o trabalho de purificação tivesse se tornado impensável quando, apenas alguns anos antes, era o desdobramento das redes que parecia absurdo ou escandaloso?

Digamos que os modernos foram vítimas de seu sucesso. É uma explicação grosseira, concordo, e no entanto tudo acontece como se a amplitude da mobilização dos coletivos tivesse multiplicado os híbridos a ponto de tornar impossível, para o quadro constitucional que simultaneamente nega e permite sua existência, mantê-los em seus lugares. A Constituição moderna desabou sob seu próprio peso, afogada pelos mistos cuja experimentação ela permitia, uma vez que ela dissimulava as consequências desta experimentação na fabricação da sociedade. O terceiro estado se tornou numeroso demais para se sentir fielmente representado pela ordem dos objetos ou pela dos sujeitos.

Quando surgiam apenas algumas bombas de vácuo, ainda era possível classificá-las em dois arquivos, o das leis naturais e o das representações políticas, mas quando nos vemos invadidos por embriões congelados, sistemas especialistas, máquinas digitais, robôs munidos de sensores, milhos híbridos, bancos de dados, psicotrópicos liberados de forma controlada, baleias equipadas com rádio-sondas, sintetizadores de genes, analisadores de audiência, etc.; quando nossos jornais diários desdobram todos estes monstros ao longo de páginas e páginas, e nenhuma destas quimeras sente-se confortável nem do lado dos objetos, nem do lado dos sujeitos, nem no meio, então é preciso fazer algo. É como se os dois polos da Constituição acabassem se confundindo, devido à própria prática de mediação que esta Constituição liberava quando a condenava. É como se não houvesse mais um número suficiente de juízes e de críticos para tratar dos híbridos. O sistema de purificação fica tão entulhado quanto nosso sistema judiciário.

Talvez o quadro moderno houvesse conseguido se manter por mais algum tempo caso seu próprio desenvolvimento não houvesse estabelecido um curto-circuito entre a natureza, de um lado, e as massas humanas, de outro. Enquanto a natureza permaneceu longínqua e dominada, ainda se parecia vagamente com o polo constitucional da tradição. Parecia reservada, transcendental, inesgotável, longínqua. Mas como classificar o buraco de ozônio, o aquecimento global do planeta? Onde colocar esses híbridos? Eles são humanos? Sim, humanos pois são nossa obra. São naturais? Sim, naturais porque não foram feitos por nós. São locais ou globais? Os dois. As massas humanas que as virtudes e os vícios da medicina e da economia multiplicaram também não são fáceis de mapear. Em que mundo abrigar estas multidões? Estamos no campo da biologia, da sociologia, da história natural, da sociobiologia? É nossa obra, e no entanto as leis da demografia e da economia nos ultrapassam infinitamente. A bomba demográfica é global ou local? Os dois. Portanto, tanto do lado da natureza quanto do lado do social, não podemos mais reconhecer as duas garantias constitucionais dos modernos: as leis universais das coisas, os direitos imprescritíveis dos sujeitos. O destino das multidões famintas, assim como o de nosso pobre planeta, encontram-se ligados no mesmo nó górdio, que mais nenhum Alexandre virá cortar.

Digamos então que os modernos quebraram. Sua Constituição podia absorver alguns contraexemplos, algumas exceções, até mesmo alimentava-se disto; mas torna-se impotente quando as exceções proliferam, quando o terceiro estado das coisas e o Terceiro Mundo se misturam para invadir em massa todas as suas assembleias. Como Michel Serres, chamo estes híbridos de quase--objetos, porque não ocupam nem a posição de objetos que a Constituição prevê para eles, nem a de sujeitos, e porque é impossível encurralar todos eles na posição mediana que os tornaria uma simples mistura de coisa natural e símbolo social. Curiosamente, é Lévi-Strauss, procurando um exemplo para nos mostrar o quanto o pensamento selvagem nos é próximo, quem melhor define esta íntima fusão através da qual os rastros dos dois componentes da natureza e da sociedade se apagam — componentes que ele diz, contudo, estarem de frente um ao outro, "como em um espelho":

> "Um observador exótico julgaria sem dúvida que a circulação automobilística no centro de uma grande cidade ou em uma rodovia ultrapassa as faculdades humanas; e de fato é assim, uma vez que esta circulação não coloca face a face nem homens nem leis naturais, mas sim sistemas de forças naturais humanizadas pela intenção dos motoristas, e homens transformados em forças naturais pela energia física da qual eles se tornam os mediadores. Não se trata mais da operação de um agente sobre um objeto inerte, nem da reação de um objeto, promovido ao papel de agente, sobre um sujeito que se teria despossuído em favor do objeto sem nada pedir-lhe em retorno, ou seja, situações envolvendo, de um lado ou do outro, uma certa dose de passividade: os seres em presença se defrontam ao mesmo tempo enquanto sujeitos e objetos; e, no código usado por eles, uma simples variação na distância que os separa tem a força de um exorcismo mudo" (Lévi-Strauss, 1962, p. 294).

Para acolher tais quase-objetos, na verdade não muito diferentes daqueles do pensamento selvagem (ver abaixo), devemos traçar um espaço que já não é mais o da Constituição moderna, uma vez que ele preenche a zona mediana que esta pretendia esva-

Revolução

ziar. À prática de purificação — linha horizontal —, convém acrescentar as práticas de mediação — linha vertical.

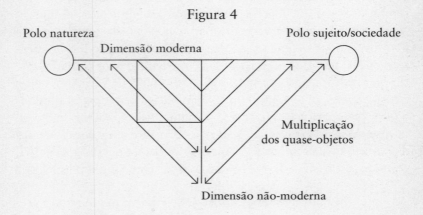

Figura 4

Ao invés de acompanhar a multiplicação dos quase-objetos apenas através de sua projeção longitudinal, convém também localizá-los com o auxílio de uma latitude. O diagnóstico da crise com a qual comecei este ensaio torna-se então evidente: o crescimento dos quase-objetos saturou o quadro constitucional dos modernos. Estes praticavam as duas dimensões mas só desenhavam explicitamente uma delas, de modo que a segunda permanecia em pontilhado. É preciso que os não-modernos desenhem as duas, de forma a compreender ao mesmo tempo os sucessos dos modernos e seus recentes fracassos, sem com isso naufragar no pós-modernismo. Ao desdobrar as duas dimensões simultaneamente, talvez possamos acolher os híbridos e encontrar um lugar para eles, um nome, uma casa, uma filosofia, uma ontologia e, espero, uma nova Constituição.

O GRANDE DISTANCIAMENTO
DAS FILOSOFIAS MODERNIZADORAS

Como foi que as grandes filosofias tentaram absorver ao mesmo tempo a Constituição moderna e os quase-objetos, este Império do Meio que não parava de se estender? Se simplificarmos muito, podemos discernir três grandes estratégias. A primeira consiste em fazer a grande separação entre os objetos e os sujeitos, cuja distância não para então de crescer; a segunda, sob o nome de "virada semiótica", preocupa-se com o meio, abandonando os extremos; a terceira, enfim, isola o pensamento do Ser do pensamento dos entes.

Vamos sobrevoar rapidamente as primeiras. Quanto mais os quase-objetos se multiplicam, mais as grandes filosofias tornam os dois polos constitucionais incomensuráveis, ao mesmo tempo em que afirmam que não há nenhuma tarefa mais urgente do que reconciliá-los. Portanto, elas percorrem o paradoxo moderno à sua maneira, proibindo aquilo que permitem e permitindo aquilo que proíbem. Cada uma destas filosofias é com certeza infinitamente mais sutil do que este mísero resumo; cada uma é, por definição, não-moderna, e defronta-se com este mesmo problema que estou abordando desajeitadamente, mas suas interpretações oficiais e popularizadas, entretanto, testemunham quanto a isto uma espantosa coerência: como multiplicar os quase-objetos sem com isso conceder-lhes a cidadania, a fim de que seja mantida a Grande Divisão que nos separa tanto de nosso passado quanto dos outros coletivos?

Hobbes e Boyle, como vimos, só estavam brigando tanto porque quase não eram capazes de separar o polo dos não humanos mudos e naturais daquele dos cidadãos conscientes e falantes. A separação dos dois artifícios ainda lhes parecia tão frágil que só operavam uma leve distinção entre os híbridos. É com o kantismo que nossa Constituição recebe sua formulação verdadeiramente canônica. O que era uma simples distinção transforma-se em uma separação total, uma revolução copernicana. As coisas-em-si tornam-se inacessíveis enquanto, simetricamente, o sujeito transcendental distancia-se infinitamente do mundo. As duas garantias, entretanto, permanecem claramente simétricas, uma vez que o conhecimento só é possível no ponto mediano, o ponto dos fenômenos, através de uma aplicação das duas formas puras, as da coisa--em-si e as do sujeito. Os híbridos de fato têm direito à cidadania, mas apenas enquanto mistura das formas puras em proporções

Revolução

71

iguais. Claro, o trabalho de mediação continua visível, já que Kant multiplica as etapas a fim de passar do mundo longínquo das coisas ao mundo ainda mais longínquo do ego. Entretanto, estas mediações apenas são reconhecidas então como simples intermediários, que nada mais fazem do que deslocar ou transmitir as formas puras, as únicas reconhecíveis. Folhear os intermediários permite a aceitação do papel dos quase-objetos sem com isso atribuir-lhes uma ontologia que novamente colocaria em causa a "revolução copernicana". Esta formulação kantiana é visível ainda hoje, cada vez que acreditamos que o espírito humano é capaz de impor, arbitrariamente, formas a uma matéria amorfa mas real. Claro, o rei Sol ao redor do qual giram os objetos será derrubado em nome de muitos outros pretendentes — a Sociedade, as epistemes, as estruturas mentais, as categorias culturais, a intersubjetividade —, mas essas revoluções palacianas não irão modificar a posição do foro que irei chamar, por este motivo, de sujeito/sociedade.

A grandeza da dialética está em ter tentado percorrer uma última vez o círculo completo dos pré-modernos, englobando todos os seres divinos, sociais e naturais, a fim de evitar a contradição do kantismo entre o papel da purificação e o da mediação. Mas a dialética enganou-se quanto à contradição. Discerniu corretamente aquela existente entre o polo do sujeito e o do objeto, mas não viu a outra, existente entre o conjunto da Constituição moderna, que estava sendo implementada, e a proliferação dos quase-objetos, que marca tanto o século XIX quanto o nosso. Ou antes, a dialética acreditou que iria absorver a segunda ao resolver a primeira. Ora, ao acreditar que abolia a separação de Kant entre as coisas-em-si e o sujeito, Hegel a intensifica ainda mais. Eleva-a à condição de contradição, fazendo dessa contradição, levada ao extremo e depois ultrapassada, o motor da história. A distinção existente no século XVII torna-se uma separação no século XVIII, e depois uma contradição no século XIX, completa a ponto de tornar-se a mola de toda a intriga. Como ilustrar melhor o paradoxo moderno? A dialética aumenta ainda mais o abismo que separa o polo do objeto do polo do sujeito, mas como ela irá superá-lo e anulá-lo no final, fica a impressão de ela ter ultrapassado Kant! Ela só fala de mediações, contudo as inumeráveis mediações com que povoa sua história grandiosa são apenas intermediários que transmitem as qualidades ontológicas puras, seja do espírito em sua versão de direita, seja da matéria em sua versão de esquerda. No fim das contas, se existe uma dupla que ninguém é capaz de reconciliar é o polo da natureza e o do espírito, já que sua própria oposição é conservada e abolida, quer dizer, negada. Para um moderno, um moderno e meio. Nossos maiores modernizadores foram sem dúvida os dialéticos, ainda mais poderosos porque pareciam recolher a totalidade do saber e do passado e porque cruzavam todos os recursos da crítica.

Mas os quase-objetos continuavam a proliferar, monstros da primeira, da segunda, da terceira revolução industrial, fatos socializados e humanos que se tornaram mundo natural. Mal eram finalizadas, as totalidades rachavam por todos os lados. Os fins da história, apesar de tudo, davam continuidade a uma história.

Figura 5

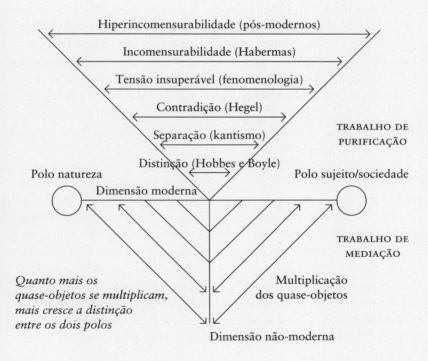

Revolução 73

A fenomenologia iria realizar, uma última vez, a grande separação, mas desta vez soltando lastro, abandonando os dois polos da consciência pura e do objeto puro, e deitando-se, literalmente, no meio, para tentar cobrir com sua grande sombra o espaço agora vazio que ela sentia não ser mais capaz de absorver. Novamente, o paradoxo moderno é levado mais longe. A noção de intencionalidade transforma a distinção, a separação, a contradição em uma tensão insuperável entre o objeto e o sujeito. As esperanças da dialética são abandonadas, uma vez que esta tensão não oferece nenhuma resolução. Os fenomenólogos têm a impressão de ter ultrapassado Kant, Hegel e Marx, uma vez que não atribuem mais nenhuma essência nem ao sujeito puro nem ao objeto puro. Eles têm a impressão de falar apenas de mediação, sem que a mediação esteja ligada a polos. Entretanto, tudo o que fazem é desenhar um traço entre polos reduzidos a quase nada. Modernizadores inquietos, podem apenas estender a "consciência de alguma coisa" que se torna somente uma fina passarela sobre um abismo que aumenta aos poucos. Só podiam mesmo rachar. E racharam. Na mesma época, a obra dupla de Bachelard, exagerando ainda mais a objetividade das ciências às custas de rupturas com o senso comum, e exagerando simetricamente a potência sem objeto do imaginário às custas de rupturas epistemológicas, oferece o próprio símbolo dessa crise impossível, deste esquartejamento.

O FIM DOS FINS

A continuação desta história toma um rumo involuntariamente cômico. Quanto mais a grande separação é tensionada, mais o caso se parece com um número de equilibristas. Até aqui, todos estes grandes movimentos filosóficos eram sérios e profundos; eles fundavam, exploravam, acompanhavam o prodigioso crescimento dos quase-objetos, desejavam acreditar que era possível, apesar de tudo, recolhê-los e digeri-los. Falando somente de pureza, visavam apenas captar o trabalho dos híbridos. Todos estes pensadores interessavam-se apaixonadamente pelas ciências exatas, pelas técnicas e economias, porque reconheciam ao mesmo tempo seu perigo e sua salvação. Mas o que dizer das filosofias que vieram depois deles? Aliás, que nome lhes dar? Modernas? Não, porque não tentam mais segurar as duas pontas da cadeia. Pós-modernas? Ainda não, o pior está para vir. Digamos, pré-pós-modernas, para sinalizar para o fato de que elas fazem uma transição. Elas elevam aquilo que era apenas uma distinção, depois uma separação, depois uma contradição, depois uma tensão insuperável ao nível de uma incomensurabilidade.

A Constituição moderna inteira já dizia que não há medida comum entre o mundo dos sujeitos e o dos objetos, mas ela anulava imediatamente esta distância ao praticar o contrário, ao medir humanos e coisas em conjunto com as mesmas medidas, ao multiplicar, sob o nome de intermediários, os mediadores. Os pré-pós-modernos, por sua vez, acreditam realmente que o sujeito falante é incomensurável ao objeto natural e à eficácia técnica, ou que deverá sê-lo caso ainda não o seja o bastante. Eles anulam, então, o projeto moderno, ao mesmo tempo em que pensam salvá-lo, pois seguem a metade da Constituição que fala de pureza enquanto ignoram a outra metade que apenas pratica a hibridação. Acreditam que não há, que não deve haver mediadores. Do lado dos sujeitos, inventam a palavra, a hermenêutica, o sentido, e deixam o mundo das coisas derivar lentamente em seu vazio. Do outro lado do espelho, é claro, os cientistas e os tecnocratas mantêm uma atitude simétrica. Quanto mais a hermenêutica expande seu território, mais o naturalismo expande o seu. Mas esta repetição das divisões da história torna-se caricata: Changeux e seus neurônios de um lado; Lacan e seus analisandos de outro. Seu casal de gêmeos não é mais fiel à intenção moderna, uma vez que eles não mais se esforçam para pensar o paradoxo que consiste em multiplicar os híbridos cuja existência, no entanto, se proíbe.

É ainda pior quando tentam proteger o projeto moderno do perigo de seu desaparecimento. Habermas exprime este esforço desesperado (Habermas, 1988). Será que ele vai mostrar que nada nunca separou profundamente as coisas das pessoas? Será que irá retomar o projeto moderno, demonstrar os arranjos da prática sob as justificativas da Constituição? Pelo contrário, ele acredita que o perigo supremo vem da confusão dos sujeitos falantes e pensan-

Revolução

tes com a pura racionalidade natural e técnica permitida pela antiga filosofia da consciência! "Eu o sugeri todas as vezes no momento crucial: era preciso substituir o paradigma do conhecimento dos objetos pelo do acordo entre sujeitos capazes de falar e de agir" (p. 350). Se algum dia alguém esteve enganado quanto aos inimigos, decerto foi este kantismo deslocado em pleno século XX que se esforça para aumentar o abismo entre os objetos conhecidos pelo sujeito, de um lado, e a razão comunicacional, do outro, enquanto a antiga consciência tinha ao menos o mérito de visar o objeto e, consequentemente, de lembrar a origem artificial dos dois polos constitucionais. Mas Habermas quer tornar os dois polos incomensuráveis, no momento exato em que os quase-objetos multiplicam-se de tal forma que parece impossível encontrar apenas um deles que se pareça, um mínimo que seja, com um sujeito falante livre ou com um objeto da natureza reificado. Kant já não conseguia fazê-lo em plena revolução industrial; como poderia Habermas consegui-lo depois da sexta ou sétima revolução? O velho Kant ainda multiplicava a superposição dos intermediários, o que lhe permitia restabelecer as transições entre os númenos e o ego transcendental. Nada disso ocorre quando a razão técnica deve ser mantida tão longe quanto possível da livre discussão dos homens.

Ocorre com os pré-pós-modernos o mesmo que ocorreu com a reação feudal bem no fim do Antigo Regime; nunca a honra foi tão minuciosa nem o cálculo dos quartos de sangue azul mais preciso, e no entanto já era um pouco tarde para separar radicalmente a plebe dos nobres! Da mesma forma, é um pouco tarde demais para tentarmos novamente o golpe da revolução copernicana, fazendo as coisas girarem em torno da intersubjetividade. Habermas e seus discípulos só mantêm o projeto moderno porque se abstêm de qualquer estudo empírico (Habermas, 1987); caso contrário, o terceiro estado iria tornar-se visível rápido demais e misturar-se com excessiva intimidade aos pobres sujeitos falantes. Que morram as redes, contanto que a razão comunicacional pareça triunfar.

Ainda assim, Habermas permanece honesto e respeitável. Mesmo na caricatura do projeto moderno, podemos reconhecer ainda o brilho enfraquecido das Luzes do século XVIII ou o eco da crítica do século XIX. Mesmo nesta obsessão de separar a objetividade da comunicação, podemos captar um rastro, uma lembrança, uma cicatriz da própria impossibilidade de fazê-lo. Com os pós-modernos, o abandono do projeto moderno foi consumado. Não fui capaz de encontrar uma palavra suficientemente vil para designar este movimento, ou antes, esta imobilidade intelectual através da qual os humanos e os não humanos são abandonados à deriva. Não estamos mais falando de incomensurabilidade, mas da "hiperincomensurabilidade".

Basta um exemplo para mostrar a derrota do pensamento e do projeto pós-moderno. "Este filósofo que sou traz um balanço desastroso", responde Jean-François Lyotard, a quem alguns bravos cientistas pediam que refletisse sobre o laço que conecta a ciência ao coletivo humano:

> "Eu defendo apenas que a expansão científica não tem nada de humano. Talvez nosso cérebro seja apenas o portador provisório de um processo de complexificação. A tarefa agora seria a de desconectar este processo daquilo que o transportou até o momento. Estou convencido que é isto que vocês [os cientistas!] estão fazendo. A informática, a engenharia genética, a física e a astrofísica, a astronáutica, a robótica já trabalham com esta preservação da complexidade em condições de vida independentes da vida na Terra. Mas não vejo o que isto tem de humano, se por humano entendermos as coletividades com suas tradições culturais, estabelecidas desde determinada época sobre zonas precisas deste planeta. Que este processo 'a-humano' possa ter, além de seus efeitos destrutivos, algumas boas consequências para a humanidade, disto não duvido por um só segundo. Mas isso não tem nada a ver com a emancipação do homem" (Lyotard, 1988, p. xxxviii).

Aos cientistas surpresos com este balanço desastroso e que ainda acreditam na utilidade dos filósofos, Lyotard responde, lúgubre: "Creio que vocês irão nos esperar por um longo tempo!". Mas esta é a falência do pós-modernismo (Hutcheon, 1989), e não a da filosofia. Os pós-modernos acreditam que ainda são modernos porque aceitam a divisão total entre o mundo material e a técnica de um lado, os jogos de linguagem dos sujeitos falantes de outro. Mas estão enganados, porque os verdadeiros modernos sempre multiplicaram, na surdina, os intermediários a fim de tentar pensar o formidável crescimento dos híbridos ao mesmo tempo em que pensavam sobre sua purificação. As ciências sempre estiveram ligadas aos coletivos de forma tão íntima quanto a bomba de Boyle ao Leviatã de Hobbes. *É a dupla contradição que é moderna, contradição entre as duas garantias constitucionais, de um lado, e entre esta Constituição e a prática de mediação, de outro.* Ao acreditar na separação total dos três termos, ao acreditar realmente que os cientistas são extraterrestres, os pós-modernos concluem o modernismo, tirando-lhe para todo o sempre a mola propulsora de sua tensão.

Há apenas uma coisa positiva a ser dita sobre os pós-modernos: depois deles, não há mais nada. Longe de ser o fim do fim, representam o fim dos fins, quer dizer, o fim das formas de terminar e de passar que faziam com que críticas cada vez mais radicais e mais revolucionárias se sucedessem a uma velocidade cada vez mais vertiginosa. Como poderíamos ir mais longe na ausência de tensão entre natureza e sociedade? Seria preciso imaginar alguma super-hiperincomensurabilidade? Os "pomôs", como dizem os ingleses chiques, são o fim da história, e o mais engraçado é que eles realmente acreditam nisso. E, para deixar bem claro que não são ingênuos, afirmam comprazer-se deste fim! "Vocês não devem esperar nada de nós." Realmente não. Mas não está mais no poder deles terminar a história, assim como eles não podem mais deixar de ser ingênuos. Simplesmente, encontram-se em um impasse, aquele traçado pelas vanguardas que ninguém mais segue. Deixemos que durmam até o fim do milênio, como quer Baudrillard, e passemos a outra coisa. Ou antes, voltemos atrás. Chega de passar.

As viradas semióticas

Enquanto as filosofias modernizadoras criavam a grande separação entre os dois polos da Constituição a fim de absorver a proliferação dos quase-objetos, uma outra estratégia era desenvolvida para tomar conta do meio, cuja dimensão não parava de crescer. Ao invés de concentrar-se sobre os extremos do trabalho de purificação, ela se concentrava sobre uma de suas mediações, a linguagem. Quer as chamemos de "semiótica", "semiologia" ou "virada linguística", todas estas filosofias têm como objeto tornar o discurso não um intermediário transparente que colocaria o sujeito humano em contato com o mundo natural, mas sim um mediador independente tanto da natureza quanto da sociedade. Esta autonomização da esfera do sentido manteve ocupadas as melhores mentes de nosso tempo durante o último meio século. Se eles também nos levaram a um impasse, não foi por terem "esquecido do homem" ou "abandonado a referência", como afirma hoje a reação modernista, mas porque eles mesmos limitaram sua tarefa apenas ao discurso.

Figura 6

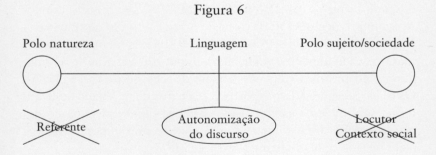

Estes filósofos acharam que só seria possível autonomizar o sentido se duas questões fossem colocadas entre parênteses. A primeira, a questão da referência ao mundo natural; a segunda, a identidade dos sujeitos falantes e pensantes. Para eles, a linguagem ainda ocupa este lugar mediano da filosofia moderna — o ponto de encontro dos fenômenos em Kant —, mas ao invés de tornar-se mais ou menos transparente ou mais ou menos opaca, mais ou menos fiel ou mais ou menos traidora, ela tomou todo o espaço. A linguagem tornou-se, em si, sua própria lei e seu próprio mundo. O "sistema da língua", os "jogos de linguagem", o "significante", a "escritura", o "texto", a "textualidade", as "narrativas", o "discurso", estes são alguns dos termos que designam o Império dos signos. Enquanto as filosofias modernizadoras aumentavam cada vez mais a distância que separava os objetos e os sujeitos, tornando-os incomensuráveis, as filosofias da linguagem, do discurso ou do texto ocupavam o meio que havia sido esvaziado, acreditando-se muito distanciadas das naturezas e das sociedades que haviam colocado entre parênteses (Pavel, 1986).

Sua grandeza foi a de desenvolver, ao abrigo da dupla tirania do referente e do sujeito falante, os conceitos que dão sua dignidade aos mediadores, que deixam de ser simples intermediários ou simples veículos transportando o sentido da natureza aos locutores ou destes à natureza. O texto e a linguagem criam o sentido; chegam mesmo a produzir referências internas aos discursos e locutores instalados no discurso (Greimas e Courtès, 1979). Para produzir naturezas e sociedades, precisam apenas de si mesmos, e apenas a forma das narrativas lhes serve de matéria. O significante sendo primeiro, os significados agitam-se a seu redor sem mais nenhum privilégio. O texto torna-se original, aquilo que ele exprime, ou veicula, torna-se secundário. Os sujeitos falantes transformam-se, cada um deles, em ficções geradas pelos efeitos de sentido; quanto ao autor, ele é apenas artefato de seus escritos (Eco, 1985). Os objetos de que falamos tornam-se efeitos de realidade deslizando na superfície da escrita. Tudo torna-se signo e sistema de signos, a arquitetura e a cozinha, a moda e as mitologias, a política e até mesmo o inconsciente (Barthes, 1985).

A grande fraqueza destas filosofias foi a de terem tornado mais difíceis as conexões entre um discurso autonomizado e a natureza ou o sujeito/sociedade que elas haviam deixado intactos, guardando-os provisoriamente no armário. É difícil, realmente, imaginar durante um longo período de tempo que somos um texto que escreve a si mesmo, um discurso que se fala sozinho, um jogo de significante sem significado. Difícil reduzir todo o cosmos a uma grande narrativa, a física das partículas subatômicas a um texto, todas as estruturas sociais a um discurso. O Império dos signos não durou muito mais que o de Alexandre e foi, ele também, desmembrado entre seus generais (Pavel, 1988). Alguns tentaram tornar o sistema autônomo da língua menos irracional, restabelecendo o sujeito falante ou mesmo o grupo social e, para tanto, foram buscar a antiga sociologia. Outros desejaram tornar a semiótica menos absurda restabelecendo o contato com o referente, e tomaram o mundo da ciência ou o do senso comum a fim de ancorar novamente o discurso. Sociologização, naturalização, a escolha nunca é importante. Outros mantiveram o rumo original do Império e começaram a desconstruir a si mesmos, glosas autônomas sobre glosas autônomas, até a autodissolução.

Desta virada fundamental, aprendemos que o único meio de escapar às armadilhas simétricas da naturalização e da sociologização consiste em conceder à linguagem sua autonomia. Como desdobrar, sem ela, este espaço mediano entre as naturezas e as sociedades para nele acolher os quase-objetos, quase-sujeitos? As semióticas oferecem uma excelente caixa de ferramentas para seguir de perto as mediações da linguagem. Mas ao eludir o problema duplo das ligações com o referente e com o contexto, elas nos impedem de seguir os quase-objetos até o fim. Estes, como eu disse, são ao mesmo tempo reais, discursivos e sociais. Pertencem à natureza, ao coletivo e ao discurso. Se autonomizarmos o discurso, entregando para tanto a natureza aos epistemólogos e a sociedade aos sociólogos, tornamos impossível a reconciliação desses três recursos.

A condição pós-moderna acabou de tentar justapor, sem conectá-los, estes três grandes repertórios da crítica: a natureza, a sociedade e o discurso. Caso sejam mantidos distintos e separados do trabalho de hibridação, eles geram uma imagem terrível do mundo moderno: uma natureza e uma técnica absolutamente homogêneas, uma sociedade feita apenas de reflexos, de falsas aparências e de ilusões, um discurso constituído somente por efeitos de sentido separados de tudo. Motivo suficiente para levar alguém ao suicídio. É isto que causa o desespero morno dos pós-modernos, que vem substituir o desespero angustiado dos mestres do absurdo que vieram antes deles. E no entanto jamais teriam atingido este

Revolução

grau de sarcasmo e desamparo se não houvessem acreditado, ainda por cima, que eles haviam esquecido o Ser.

Quem esqueceu o Ser?

No começo, contudo, o pensamento da diferença entre o Ser e os entes parecia um bom meio para abrigar os quase-objetos, meio que se acrescentava tanto ao das filosofias modernizadoras quanto ao das viradas linguísticas. Os quase-objetos não pertencem à natureza, nem à sociedade, nem ao sujeito e também não pertencem à linguagem. Ao desconstruir a metafísica — isto é, a Constituição moderna tomada isoladamente —, Heidegger traça o ponto central onde tudo se mantém, distante tanto dos sujeitos quanto dos objetos. "O que é surpreendente neste pensamento do Ser é sua simplicidade. E é justamente isto que nos afasta dele" (p. 167). Girando em torno deste umbigo, deste *omphalos*, o filósofo afirma a existência de uma articulação entre a purificação metafísica e o trabalho de mediação. "O pensamento recairá na pobreza de sua essência provisória. Irá reunir a linguagem ante o simples dizer. Assim, a linguagem será a linguagem do Ser, como as nuvens são as nuvens do céu" (Heidegger, 1964, p. 172).

Mas esta bela simplicidade é logo perdida pelo filósofo. Por quê? Por um artifício da história, ele mesmo indica a razão desta perda em um apólogo sobre Heráclito. Este abrigava-se no forno de um padeiro. "*Einai gar kai entautha theous.*" "Também aqui os deuses estão presentes", disse Heráclito a alguns visitantes que estavam espantados por vê-lo esquentar sua pobre carcaça como um mortal vulgar. "*Auch hier nämlich wesen Götter an*" (p. 145). Da mesma forma, Heidegger e seus seguidores esperam encontrar o Ser unicamente nos caminhos que não levam a lugar nenhum da Floresta Negra. Nos outros lugares, há apenas o deserto. Os deuses não podem residir na técnica — este puro Arrazoado do ser (*Ge-Stell*), este destino inelutável (*Geschick*), este perigo supremo (*Gefahr*). Não devemos tampouco procurá-los na ciência, uma vez que sua única essência é a da técnica. Estão ausentes da política, da sociologia, da psicologia, da antropologia, da história — que é a história do Ser e conta suas épocas em milênios. Os deuses não poderiam residir na economia — este cálculo puro colado para sempre no ente e na preocupação. Também não estão na filosofia, nem na ontologia, que esqueceram seu destino há 2.500 anos. Desta forma, Heidegger faz com o mundo moderno aquilo que os visitantes fizeram com Heráclito: o golpe do desprezo.

E no entanto "também aqui os deuses estão presentes", na central hidrelétrica às margens do Reno, nas partículas subatômicas, nos tênis Adidas tanto quanto nos velhos tamancos de madeira talhados à mão, na agricultura industrializada tanto quanto nas velhas paisagens, no cálculo comercial tanto quanto nos versos despedaçantes de Hölderlin. Mas por que os filósofos não os reconhecem mais? Porque acreditam naquilo que a Constituição moderna diz sobre si mesma! Este paradoxo não deveria mais nos espantar. Os modernos afirmam, de fato, que a técnica nada mais é que uma pura dominação instrumental, a ciência puro arrazoado e puro ato (*Das Ge-Stell*), que a economia é puro cálculo, o capitalismo pura reprodução, o sujeito pura consciência. É o que afirmam, mas é preciso sobretudo nunca acreditar neles completamente, já que aquilo que afirmam é apenas a metade do mundo moderno, o trabalho de purificação que destila aquilo que o trabalho de hibridação lhe fornece.

Quem esqueceu o Ser? Ninguém, nunca, pois caso contrário a natureza seria realmente "vista como um estoque". Olhem em volta: os objetos científicos circulam simultaneamente enquanto sujeitos, objetos e discurso. As redes estão preenchidas pelo Ser. E as máquinas estão carregadas de sujeitos e de coletivos. Como é que o ente poderia perder sua distinção, sua diferença, sua incompletude, sua marca? Ninguém jamais teve tal poder, ou então precisaríamos imaginar que fomos verdadeiramente modernos.

Entretanto, houve realmente alguém que esqueceu o Ser? Sim, aquele que acredita sinceramente que o Ser foi esquecido para sempre. Como diz Lévi-Strauss, "o bárbaro é antes de tudo o homem que crê na barbárie". Aqueles que deixaram de estudar empiricamente a ciência, as técnicas, o direito, a política, a economia, a religião e a ficção perderam os rastros do Ser distribuídas por todo lado entre os entes. Caso, ao desprezar o empirismo, você se afas-

Revolução

te das ciências exatas, depois das ciências humanas, depois da filosofia tradicional, depois das ciências da linguagem, e então você se recolha em sua floresta, certamente irá sentir uma falta trágica. Mas é você que sente falta, não o mundo. Os seguidores de Heidegger transformaram esta fraqueza notável em uma força. "Nada do que sabemos é empírico, mas não importa, porque o mundo de vocês é vazio de Ser. Nós protegemos a pequena chama do pensamento do Ser contra tudo, e vocês que têm todo o resto, não têm nada." Pelo contrário, temos tudo, porque temos o Ser, e os entes, e nunca esquecemos a diferença entre o Ser e os entes. Realizamos o projeto impossível de Heidegger que acreditava naquilo que a Constituição moderna dizia sobre si mesma sem compreender que isto era apenas a metade de um dispositivo mais vasto que nunca abandonou a velha matriz antropológica. Ninguém pode esquecer o Ser, já que nunca houve mundo moderno e, por isso, nunca houve metafísica. Nós ainda somos pré-socráticos, pré-cartesianos, pré-kantianos, pré-nietzschianos. Nenhuma revolução radical poderá separar-nos desses passados. Sim, Heráclito é um guia mais confiável que Heidegger: *"Einai gar kai entautha theous"*.

O INÍCIO DO TEMPO QUE PASSA

A proliferação dos quase-objetos foi, portanto, acolhida por três estratégias diferentes: primeiro, a separação cada vez maior entre o polo da natureza — as coisas-em-si — e o polo da sociedade ou do sujeito — os homens-entre-eles; segundo, a autonomização da linguagem ou do sentido; enfim, a desconstrução da metafísica ocidental. Quatro repertórios diferentes permitem que a crítica desenvolva seus ácidos: o da naturalização, o da sociologização, o da colocação em discurso e, enfim, o do esquecimento do Ser. Nenhum destes repertórios permite, por si só, compreender o mundo moderno. Colocados em conjunto, mas mantidos separados, é ainda pior, já que resultam apenas neste desespero cujo sintoma é o pós-modernismo. Todos estes recursos críticos têm em comum o fato de não seguirem o trabalho de proliferação dos híbridos e o de purificação simultaneamente. Para sair da hesitação dos pós-modernos, basta reutilizar todos estes recursos, porém juntando-os uns com os outros e tornando-os adequados ao acompanhamento a curta distância dos quase-objetos ou das redes.

Mas como fazer trabalhar juntos recursos críticos que apenas se desenvolveram através de suas disputas? Precisamos voltar atrás, a fim de desdobrar um espaço intelectual suficientemente vasto para abrigar ao mesmo tempo as tarefas de purificação e as de mediação, quer dizer, o mundo moderno oficial e o mundo moderno oficioso. Mas como voltar atrás? O mundo moderno não é marcado pela flecha do tempo? Ele não devora o passado? Não rompe com este passado para sempre? A própria causa da prostração atual não vem justamente de uma época "pós"-moderna que sucederia inelutavelmente à precedente, a qual sucedia, através de uma série de sobressaltos catastróficos, às épocas pré-modernas? A história não terminou? Uma vez que desejamos abrigar tanto os quase-objetos quanto sua Constituição, somos obrigados a levar em conta o quadro temporal dos modernos. Já que nos recusamos a existir "depois" dos pós-modernos, não podemos voltar a este mundo não-moderno — que jamais deixamos — sem uma modificação na própria passagem do tempo.

Isto porque o tempo também possui uma longitude e uma latitude. Ninguém exprimiu melhor esta ideia do que Péguy em seu *Clio*, a mais bela das meditações sobre a mesclagem das histórias (Péguy, 1961). O tempo do calendário situa bem os acontecimentos em relação a uma série regular de datas, mas a historicidade situa os mesmos acontecimentos em relação à sua intensidade. É o que a musa da história explica, de forma engraçada, comparando as *Burgraves* de Victor Hugo — acúmulo de tempo sem historicidade — com uma pequena frase de Beaumarchais — exemplo típico de historicidade sem história (Latour, 1977):

> "Quando me dizem que Hatto, filho de Magnus, marquês de Verona, prefeito de Nollig, é o pai de Gorlois, filho de Hatto (bastardo), prefeito de Sareck, não estão me dizendo nada, disse ela [Clio]. Eu não os conheço. Jamais os conhecerei. Mas quando me dizem que Querubin morreu, *na tomada de um forte para o qual*

ele não estava designado, aí então me dizem algo, disse ela. E sei muito bem o que me dizem. Um sobressalto secreto me avisa que realmente entendi" (p. 276).

Ora, a passagem moderna do tempo nada mais é do que uma forma particular de historicidade. De onde nos vem a ideia de um tempo que passa? Da própria Constituição moderna. A antropologia está aí para nos lembrar que a passagem do tempo pode ser interpretada de diversas formas, como ciclo ou como decadência, como queda ou como instabilidade, como retorno ou como presença continuada. Chamemos de temporalidade a interpretação desta passagem, de forma a distingui-la claramente do tempo. Os modernos têm a particularidade de compreender o tempo que passa como se ele realmente abolisse o passado antes dele. Pensam todos que são Átila, atrás do qual a grama não crescia mais. Não se sentem distantes da Idade Média por alguns séculos, mas separados dela por revoluções copernicanas, cortes epistemológicos, rupturas epistêmicas que são tão radicais que não sobrou nada mais desse passado dentro deles — que nada mais desse passado deve sobreviver neles.

"Esta teoria do progresso acaba sendo, essencialmente, uma teoria de caderneta de poupança", disse Clio. "Como um todo, e universalmente, ela supõe, ela cria uma enorme caderneta de poupança universal, uma caderneta de poupança comum para toda a comunidade humana, uma grande caderneta de poupança intelectual geral e mesmo universal, automática para toda a humanidade comum, automática no sentido que a humanidade estaria sempre depositando e nunca retiraria nada. E os juros seriam acrescentados sempre, incansavelmente. Esta é a teoria do progresso. Este é seu esquema. É um andaime" (Péguy, 1961, p. 129).

Já que tudo aquilo que acontece é para sempre eliminado, os modernos têm realmente a sensação de uma flecha irreversível do tempo, de uma capitalização, de um progresso. Mas como essa temporalidade é imposta a um regime temporal que corre de forma totalmente diversa, os sintomas de um desentendimento se multiplicam. Como Nietzsche havia observado, os modernos têm a doença da história. Querem guardar tudo, datar tudo, porque pensam ter rompido definitivamente com seu passado. Quanto mais revoluções eles acumulam, mais eles conservam; quanto mais capitalizam, mais colocam no museu. A destruição maníaca é paga simetricamente por uma conservação também maníaca. Os historiadores reconstituem o passado nos mínimos detalhes com um cuidado muito maior, pois este se perdeu para sempre. Estaremos realmente tão distantes de nosso passado quanto desejamos crer? Não, já que a temporalidade moderna não tem muito efeito sobre a passagem do tempo. O passado então permanece e mesmo retorna. Mas essa ressurgência é incompreensível para os modernos. Tratam-na então como o retorno do que foi recalcado. Fazem dela um arcaísmo. "Se não tomarmos cuidado, pensam eles, iremos voltar ao passado, iremos recair na idade das trevas." A reconstituição histórica e o arcaísmo são dois dos sintomas da incapacidade dos modernos de eliminar aquilo que eles devem, todavia, eliminar a fim de ter a impressão de que o tempo passa.

Se explico que as revoluções tentam abolir o passado mas não podem fazê-lo, inevitavelmente pareço ser um reacionário. Isto porque, para os modernos — assim como para seus inimigos antimodernos, assim como para seus falsos inimigos pós-modernos — a flecha do tempo não possui qualquer ambiguidade: podemos ir sempre em frente, mas então é preciso romper com o passado; podemos decidir voltar atrás, mas então precisamos romper com as vanguardas modernizadoras, as quais rompiam radicalmente com seu passado. Este *diktat* organizava o pensamento moderno até estes últimos anos, sem contudo ter qualquer efeito sobre a prática de mediação, que sempre misturou épocas, gêneros e pensamentos tão heterogêneos quanto os dos pré-modernos. Se existe algo que somos incapazes de fazer, podemos vê-lo agora, é uma revolução, quer seja na ciência, na técnica, em política ou filosofia. Mas ainda somos modernos quando interpretamos este fato como uma decepção, como se o arcaísmo houvesse invadido tudo, como se não existisse mais um depósito de lixo onde fosse possível

Revolução

empilhar o que foi recalcado. Ainda somos pós-modernos quando tentamos ultrapassar esta decepção justapondo por colagem elementos de todos os tempos, todos igualmente ultrapassados, fora de moda.

O MILAGRE REVOLUCIONÁRIO

Qual é o laço entre a forma moderna de temporalidade e a Constituição moderna que une, sem nunca dizê-lo, as duas assimetrias da natureza e da sociedade e permite a proliferação dos híbridos por debaixo dos panos? Por que a Constituição moderna nos obriga a sentir o tempo como uma revolução que deve sempre ser recomeçada? *Porque ela suprime as causas e as implicações dos objetos da Natureza e porque faz de sua súbita emergência um milagre.*

O tempo moderno é uma sucessão de aparições inexplicáveis, elas mesmas devidas à distinção entre a história das ciências ou das técnicas e a história pura e simples. Se suprimirmos Boyle e Hobbes e suas disputas, eliminarmos o trabalho de construção da bomba de ar, a domesticação dos colegas, a invenção de um Deus barrado, a restauração da realeza inglesa, como então daremos conta das descobertas de Boyle? A elasticidade do ar não possui mais uma origem. Simplesmente irrompe do nada, toda pronta. Para explicar aquilo que se torna um grande mistério, será preciso construir uma imagem do tempo que se adapte a esta irrupção miraculosa de coisas novas que já existem desde sempre, e também a construções humanas que nenhum homem jamais construiu. A ideia de revolução radical é a única solução que os modernos puderam imaginar para explicar a irrupção dos híbridos que é simultaneamente proibida e permitida por sua Constituição, e para evitar este monstro: que as próprias coisas tenham uma história.

Há boas razões para acreditarmos que a ideia de revolução política foi tomada emprestada à ideia de revolução científica (Cohen, 1985). Podemos entender por quê. Como a química de Lavoisier poderia deixar de ser uma novidade absoluta, já que o grande sábio apagou todas as pistas de sua construção e cortou todos os nós que o tornavam dependente de seus predecessores, mergulhados assim na obscuridão? Que sua vida tenha sido cortada com a mesma guilhotina e em nome do mesmo obscurantismo é uma ironia sinistra da história (Bensaude-Vincent, 1989). A gênese das inovações científicas ou técnicas só é tão misteriosa na Constituição moderna porque a transcendência universal de leis locais e fabricadas torna-se impensável, e deve permanecer assim sob pena de provocar um escândalo. A história dos homens, por sua vez, permanecerá contingente, agitada pelo barulho e pelo furor. Haverá portanto duas histórias diferentes, uma sem outra historicidade que não a das revoluções totais ou dos cortes epistemológicos, que tratará das coisas eternas desde sempre presentes, e outra que falará apenas da agitação mais ou menos circunstancial, mais ou menos durável dos pobres humanos separados das coisas.

Através desta distinção entre o contingente e o necessário, o histórico e o intemporal, a história dos modernos será pontuada graças à irrupção dos não-humanos — o teorema de Pitágoras, o heliocentrismo, a lei da gravidade, a máquina a vapor, a química de Lavoisier, a vacina de Pasteur, a bomba atômica, o computador — e, a cada vez, será calculado o tempo a partir destes começos miraculosos, laicizando para isso a encarnação na história das ciências transcendentais. Será feita a distinção entre o tempo "antes" e "depois" do computador assim como os anos "antes de Cristo" e "depois de Cristo". Com os tremores de voz que muitas vezes acompanham as declarações sobre o destino moderno, vamos até mesmo falar de uma "concepção judaico-cristã do tempo", quando aí se trata de um anacronismo, já que nem as místicas judaicas nem as teologias cristãs tinham qualquer tipo de inclinação para a Constituição moderna. É em torno da Presença (ou seja, de Deus) que elas construíam seu regime temporal, e não em torno da emergência do vácuo, do DNA, dos chips, ou das fábricas automatizadas...

A temporalidade moderna nada tem de "judaico-cristã" e, felizmente, nada tem de estável também. É uma projeção do Império do Meio sobre uma linha transformada em flecha pela separação brutal entre aquilo que não tem história mas que ainda assim emerge na história — as coisas da natureza — e aquilo que

Revolução

nunca deixa a história — os trabalhos e as paixões dos homens. *A assimetria entre natureza e cultura torna-se então uma assimetria entre passado e futuro.* O passado era a confusão entre as coisas e os homens; o futuro, aquilo que não os confundirá mais. A modernização consiste em sair sempre de uma idade de trevas que misturava as necessidades da sociedade com a verdade científica para entrar em uma nova idade que irá, finalmente, distinguir de forma clara entre aquilo que pertence à natureza intemporal e aquilo que vem dos humanos. O tempo moderno provém de uma superposição da diferença entre o passado e o futuro com esta outra diferença, mais importante, entre a mediação e a purificação. O presente é traçado por uma série de rupturas radicais, as revoluções, que formam dispositivos irreversíveis para impedir-nos, para sempre, de voltar atrás. Em si mesma, esta linha é tão vazia quanto a escansão de um metrônomo. É sobre ela, entretanto, que os modernos irão projetar a multiplicação dos quase-objetos e traçar, graças a eles, duas séries de progressão: uma para cima, o progresso; outra para baixo, a decadência.

O FIM DO PASSADO ULTRAPASSADO

A mobilização do mundo e dos coletivos em uma escala cada vez maior multiplica os atores que compõem nossas naturezas e nossas sociedades. Mas nada nesta mobilização implica uma passagem ordenada e sistemática do tempo. Entretanto, graças a sua forma peculiar de temporalidade, os modernos irão ordenar a proliferação de novos atores seja como uma capitalização, um acúmulo de conquistas, seja como uma invasão de bárbaros, uma sucessão de catástrofes. Progresso e decadência são seus dois grandes repertórios e têm ambos a mesma origem. Em cada uma destas três linhas poderemos identificar os antimodernos, que mantêm a temporalidade moderna mas invertem seu sentido. Para apagar o progresso ou a decadência, desejam retornar ao passado — como se houvesse um passado!

De onde vem a impressão tão moderna de viver um tempo novo que rompe com o passado? De uma ligação, uma repetição que não tem, em si, nada de temporal (Deleuze, 1968). A impressão de passar irreversivelmente só é produzida quando ligamos entre si o cortejo de elementos que compõem nosso universo cotidiano. É sua coesão sistemática, bem como a substituição de seus elementos por outros tornados igualmente coerentes no período seguinte, que nos dão a impressão de um tempo que passa, de um fluxo contínuo indo do futuro ao passado, de um andaime. É preciso que as coisas andem na mesma velocidade e sejam substituídas por outras igualmente bem alinhadas para que o tempo se torne um fluxo. A temporalidade moderna é o resultado desta disciplina.

A bomba de vácuo, em si, não é nem moderna nem revolucionária. Ela associa, combina e redefine inúmeros atores, alguns novos e frescos — como o rei da Inglaterra, o vácuo, o peso do ar — mas que não podem ser considerados todos como novos. Sua coesão não é suficientemente grande para que possamos romper nitidamente com o passado. É preciso todo um trabalho suplementar de classificação, de limpeza e de repartição. Se colocamos as descobertas de Boyle na eternidade e as fazemos recair agora sobre a Inglaterra de uma só vez; se as conectamos às de Galileu e Descartes, ligando-as em um "método científico", e se, finalmente, rejeitamos como sendo arcaica a crença de Boyle nos milagres, obtemos então a impressão de um tempo moderno radicalmente novo. A noção de seta irreversível — progresso ou decadência — provém de uma classificação dos quase-objetos cujo crescimento os modernos não podem explicar. A irreversibilidade no curso do tempo é ela mesma devida à transcendência das ciências e das técnicas, que na verdade escapam a qualquer compreensão. É um processo de classificação para dissimular a origem inconfessável das entidades naturais e sociais. Da mesma forma que eliminam as causas e as implicações de todos os híbridos, assim também os modernos interpretam as reorganizações heterogêneas como sendo totalidades sistemáticas que dariam conta de tudo. O progresso modernizador só pode ser pensado se todos os elementos que são contemporâneos de acordo com o calendário pertencerem ao mesmo tempo. Estes elementos devem, para tanto, formar um sistema completo e reconhecível. Então, e somente então, o tempo forma

Revolução

um fluxo contínuo e progressivo, do qual os modernos proclamam-se a vanguarda e os antimodernos a retaguarda.

Tudo se torna mais confuso se os quase-objetos misturam épocas, ontologias e gêneros diferentes. Rapidamente, um período histórico passa a dar a impressão de uma grande bricolagem. Ao invés de um belo fluxo laminar, frequentemente teremos um fluxo turbulento de turbilhões e corredeiras. O tempo deixa de ser irreversível para tornar-se reversível. No começo, isto não perturba os modernos. Tudo aquilo que não avança no ritmo do progresso é considerado por eles como arcaico, irracional ou conservador. E como há, efetivamente, antimodernos muito felizes em desempenhar o papel de reacionários que lhes são reservados no cenário moderno, os grandes dramas do progresso luminoso em luta contra o obscurantismo (ou o antidrama da revolução louca contra o conservadorismo sensato) podem desdobrar-se para o deleite dos espectadores. Mas, para que a temporalidade modernizadora continue a funcionar, é preciso que a impressão de uma frente ordenada continue a ser verossímil. É preciso, portanto, que não haja um excesso de contraexemplos. Caso estes últimos se multiplicarem a torto e a direito, torna-se impossível falar de arcaísmo, ou de retorno daquilo que foi recalcado.

A proliferação dos quase-objetos rompeu a temporalidade moderna, bem como sua Constituição. A corrida para a frente dos modernos parou há talvez vinte anos, ou talvez dez, ou mesmo um, com a multiplicação de exceções cujo lugar no fluxo regular do tempo não podia ser reconhecido por ninguém. Primeiro foram os arranha-céus da arquitetura pós-moderna, depois a revolução islâmica de Khomeini, sobre os quais ninguém mais conseguia dizer se estavam adiantados ou atrasados. Desde então, as exceções não mais cessaram. Ninguém mais pode classificar em um único grupo coerente os atores que fazem parte do "mesmo tempo". Ninguém mais sabe se o urso dos Pireneus, os kolkozes, os aerossóis, a revolução verde, a vacina antivaríola, a guerra nas estrelas, a religião muçulmana, a caça à perdiz, a Revolução francesa, a empresa de terceiro tipo, os sindicatos da EDF, a fusão a frio, o bolchevismo, a relatividade, o nacionalismo esloveno, etc., estão fora de moda, em dia, são futuristas, intemporais, inexistentes ou permanentes.

É este turbilhão no fluxo temporal que os pós-modernos identificaram tão bem nas duas vanguardas das belas-artes e da política (Hutcheon, 1989).

Como sempre, o pós-modernismo é um sintoma e não uma solução: ele "revela a essência da modernidade como a época da redução do ser ao *novum*... A pós-modernidade nada faz além de começar, e a identificação do ser com o *novum*... continua projetando sua sombra sobre nós, assim como o Deus já morto do qual fala a *Gaia Ciência*" (Vattimo, 1987, p. 173). Os pós-modernos conservam o panorama moderno, mas dispersam os elementos que os modernizadores agrupavam em um pelotão bem-ordenado. Os pós-modernos têm razão quanto à dispersão — qualquer agrupamento contemporâneo é politemporal —, mas estão errados em conservar o panorama geral e ainda acreditar na exigência de novidade contínua requerida pelo modernismo. Ao misturar elementos do passado sob a forma de colagem e de citação, os pós-modernos reconhecem o quanto estas citações estão realmente ultrapassadas. E é exatamente porque estão ultrapassadas que eles vão desencavá-las, a fim de chocar as antigas vanguardas que não sabem mais a que santo apelar. Mas há uma grande distância entre a citação provocadora de um passado que realmente passou e a repetição, a retomada, a revisão de um passado que jamais teria desaparecido.

Triagem e tempos múltiplos

Felizmente, nada nos obriga a manter a temporalidade moderna com sua sucessão de revoluções radicais, seus antimodernos que retornam àquilo que acreditam ser o passado, e seu jogo duplo de elogios e reclamações contra ou a favor do progresso contínuo, contra ou a favor da degenerescência contínua. Não estamos amarrados para sempre a esta temporalidade que não nos permite compreender nem nosso passado, nem nosso futuro, e que nos força a enviar aos porões da história a totalidade dos terceiros mundos humanos e não-humanos. Mais vale dizer que os tempos modernos deixaram de passar. Mas não vamos nos lamentar por isso,

Revolução

uma vez que nossa verdadeira história nunca teve nada além de relações muito vagas com esta cama de Procusto que os modernizadores e seus inimigos lhe impuseram.

O tempo não é um panorama geral, mas antes o resultado provisório da ligação entre os seres. A disciplina moderna agrupava, enganchava, sistematizava para manter unida a pletora de elementos contemporâneos e, assim, eliminar aqueles que não pertenciam ao sistema. Esta tentativa fracassou, ela sempre fracassou. Não há mais, nunca houve nada além dos elementos que escapam ao sistema, objetos cuja data e duração são incertas. Não são apenas os beduínos ou os kung que misturam os transistores e os costumes tradicionais, os baldes de plástico e odres em peles de animal. Há algum país que não seja uma "terra de contrastes"? Acabamos todos misturando os tempos. Tornamos-nos todos pré--modernos. Se não podemos mais progredir como os modernos, devemos regredir como os antimodernos? Não, devemos passar de uma temporalidade a outra já que, em si mesma, uma temporalidade nada tem de temporal. Ela é uma forma de classificação para ligar os elementos. Se mudarmos o princípio de classificação, iremos obter uma outra temporalidade a partir dos mesmos acontecimentos.

Suponhamos, por exemplo, que reagrupemos os elementos contemporâneos ao longo de uma espiral e não mais de uma linha. Certamente temos um futuro e um passado, mas o futuro se parece com um círculo em expansão em todas as direções, e o passado não se encontra ultrapassado, mas retomado, repetido, envolvido, protegido, recombinado, reinterpretado e refeito. Se seguirmos a espiral, alguns elementos que pareciam estar distantes podem estar muito próximos quando comparamos os anéis. Inversamente, elementos bastante contemporâneos, a julgar pela linha, tornam-se muito distantes se percorremos um raio. Tal temporalidade não força o uso dos rótulos "arcaicos" ou "avançados", já que todo agrupamento de elementos contemporâneos pode juntar elementos pertencentes a todos os tempos. Em um quadro deste tipo, nossas ações são enfim reconhecidas como politemporais.

Eu talvez use uma furadeira elétrica mas também um martelo. A primeira tem vinte anos, o segundo centenas de milhares de anos. Vocês fariam de mim um *bricoleur* "de contrastes" porque misturo gestos provenientes de tempos diferentes? Eu seria uma curiosidade etnográfica? Ao contrário, mostrem-me uma atividade que seja homogênea do ponto de vista do tempo moderno. Alguns dos meus genes têm 500 milhões de anos, outros 3 milhões, outros 100 mil, e meus hábitos variam entre alguns dias e alguns milhares de anos.

Como dizia Clio de Péguy, e como Michel Serres repete depois dela, "somos trocadores e misturadores de tempo" (Serres, 1992). É esta troca que nos define, e não o calendário ou o fluxo que os modernos tinham construído para nós. Enfileire os Burgraves uns atrás dos outros e o resultado continuará não sendo tempo. Desça lateralmente para captar a ocasião da morte de Querubim em toda a sua intensidade, e o tempo vos será dado.

Nós somos tradicionais, então? Também não. A ideia de uma tradição estável é uma ilusão da qual os antropólogos há muito nos livraram. Todas as tradições imutáveis mudaram anteontem. Ocorre com a maior parte dos folclores ancestrais o mesmo que ocorreu com o kilt "centenário" dos escoceses, totalmente inventado no início do século XIX (Hobsbawm, 1983), ou com os Cavaleiros provadores de vinho de minha pequena cidade na Borgonha, cujo ritual milenar não tem mais do que cinquenta anos. "Os povos sem história" foram inventados por aqueles que acreditavam ter uma história radicalmente nova (Goody, 1979). Na prática, os primeiros inovam sem parar, os segundos passam e repassam sem cessar pelas mesmas revoluções e pelas mesmas controvérsias. Ninguém nasce tradicional, é uma escolha que se faz quando se inova muito. A ideia de uma repetição idêntica do passado, bem como a de uma ruptura radical com todos os passados, são dois resultados simétricos de uma mesma concepção do tempo. Não podemos voltar ao passado, à tradição, à repetição, porque estes grandes domínios imóveis são a imagem invertida desta terra que, hoje, não nos está mais prometida: a corrida para a frente, a revolução permanente, a modernização.

O que fazer se não podemos nem avançar nem recuar? Deslocar nossa atenção. Nós nunca avançamos nem recuamos. Sempre selecionamos ativamente elementos pertencentes a tempos di-

Revolução

ferentes. Ainda podemos triar. É a triagem que faz o tempo, e não o tempo que faz a triagem. O modernismo — e seus corolários anti- e pós-modernos — era apenas uma triagem feita por alguns poucos em nome de todos. Se mais e mais pessoas recuperarem a capacidade de triar, por conta própria, os elementos que fazem parte de nosso tempo, iremos reencontrar a liberdade de movimento que o modernismo nos negava, liberdade que na verdade jamais havíamos perdido. Não emergimos de um passado de trevas que confundia as naturezas e as culturas para atingir um futuro no qual os dois conjuntos estarão enfim claramente separados, graças à revolução contínua do presente. Jamais estivemos mergulhados em um fluxo homogêneo e planetário vindo seja do futuro, seja das profundezas das eras. A modernização nunca ocorreu. Não é uma maré que há muito sobe e que hoje estaria refluindo. Jamais houve uma maré. Podemos passar a outra coisa, quer dizer, retornar às diversas coisas que sempre passaram de outra forma.

Uma contrarrevolução copernicana

Se houvéssemos sido capazes de recalcar atrás de nós, por mais tempo, as multidões humanas e o ambiente não humano, provavelmente poderíamos continuar acreditando que os tempos modernos realmente passavam, eliminando tudo em sua passagem. Mas o que foi recalcado está de volta. As massas humanas estão novamente presentes, as do Leste como a do Sul e a infinita variedade das massas não humanas, as de Toda Parte. Elas não podem mais ser exploradas. Elas não podem mais ser superadas porque nada mais as ultrapassa. Não há nada maior do que a natureza circundante; os povos do Leste não se resumem mais a suas vanguardas proletárias; quanto às massas do Terceiro Mundo, nada irá circunscrevê-las. Como se livrar delas, perguntam-se os modernos, angustiados. Como modernizar todas elas? Era possível, acreditava-se que fosse possível, não é mais possível acreditar. Como um grande navio freado e depois atolado no mar de Sargaços, o tempo dos modernos ficou finalmente suspenso. Mas o tempo nada tem a ver com isso. É a ligação entre os seres que constitui o tempo. É a ligação sistemática dos contemporâneos em um todo coerente que constituía o fluxo do tempo moderno. Agora que este fluxo laminar tornou-se turbulento, podemos abandonar as análises sobre o quadro vazio da temporalidade e retornar ao tempo que passa, quer dizer, aos seres e a suas relações, às redes construtoras de irreversibilidade e reversibilidade.

Mas como modificar o princípio de classificação dos seres? Como dar às multidões ilegítimas uma representação, uma linhagem, um estado civil? Como explorar esta *terra incógnita* que, entretanto, nos é tão familiar? Como ir do mundo dos objetos ou dos sujeitos ao que chamei de quase-objetos ou quase-sujeitos? Como passar da natureza transcendente/imanente a esta natureza, igualmente real, mas extraída do laboratório e depois transformada em realidade exterior? Como deslizar da sociedade imanente/transcendente rumo aos coletivos de humanos e de não-humanos? Como passar do Deus barrado transcendente/imanente ao Deus das origens que talvez fosse preciso denominar Deus de baixo? Como atingir as redes, estes seres de topologia tão curiosa e de ontologia ainda mais incomum, nos quais reside a capacidade de conectar e de triar, ou seja, de produzir o espaço e o tempo? Como pensar o Império do Meio? Como disse, precisamos traçar ao mesmo tempo a dimensão moderna e a dimensão não-moderna, desdobrar a latitude e a longitude que irão permitir desenhar os mapas adaptados ao trabalho de mediação e purificação.

Os modernos sabiam muito bem como pensar esse Império. Faziam com que desaparecesse através da limpeza e negação. Cada vez que o trabalho de mediação era concluído, o trabalho de purificação começava. Todos os quase-objetos, todos os híbridos eram concebidos como uma mistura de formas puras. As explicações modernas consistiam portanto em clivar os mistos para deles extrair o que era proveniente do sujeito (ou do social) e o que era proveniente do objeto. Em seguida, os intermediários eram multiplicados para que sua unidade fosse recomposta através da mistura das formas puras. Estes processos de análise e de síntese, portanto, tinham sempre três aspectos: uma purificação prévia, uma separação fracionada, uma nova mistura progressiva. A explicação crítica partia sempre dos dois polos e se dirigia para o meio, ini-

Revolução

cialmente ponto de clivagem e depois ponto de encontro dos recursos opostos. Desta forma o meio era mantido e abolido ao mesmo tempo.

Figura 7

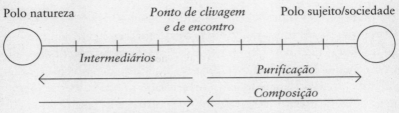

A explicação parte de um dos extremos
e aproxima-se do ponto de encontro
multiplicando os intermediários

Se estamos tentando desdobrar o Império do Meio em si, somos obrigados a inverter a forma geral das explicações. O ponto de clivagem e encontro torna-se o ponto de partida. As explicações não partem mais das formas puras em direção aos fenômenos, mas sim do centro em direção aos extremos. Estes últimos não são mais o ponto de apoio da realidade, mas sim resultados provisórios e parciais. As camadas dos intermediários são substituídas por cadeias de mediadores, de acordo com o modelo proposto por Antoine Hennion, que serve como base para este ensaio (Hennion, 1991). Ao invés de negar a existência dos híbridos — e de reconstituí-los desastradamente sob o nome de intermediários —, este modelo explicativo permite, ao contrário, *a integração do trabalho de purificação como um caso particular de mediação*. Em outras palavras, a explicação por mediação inclui a Constituição, enquanto esta, tomada em si mesma, nega aquilo que lhe dá sentido. O que mostra o quanto o sentido da palavra "mediação" difere do sentido de intermediário ou de mediador — definido como aquilo que difunde ou desloca um trabalho de produção ou de criação que dele escaparia (Debray, 1991).

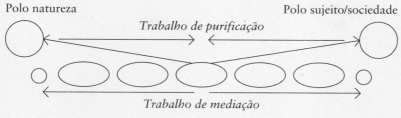

Figura 8

A explicação parte dos mediadores
e obtém, como resultado, os extremos;
o trabalho de purificação
torna-se uma mediação particular

A revolução copernicana de Kant, como vimos anteriormente, oferece o modelo completo das explicações modernizadoras, ao fazer com que o objeto gire em torno de um novo foro ao multiplicar os intermediários para anular aos poucos a distância. Mas nada nos obriga a tomar esta revolução como um acontecimento decisivo que nos teria colocado para sempre no caminho seguro da ciência, da moral e da teologia. Ocorre, com esta inversão, o mesmo que com a Revolução francesa, que está ligada a ela; são excelentes instrumentos para tornar o tempo irreversível, mas não são, em si, irreversíveis. Dou o nome de contrarrevolução copernicana a essa inversão da inversão. Ou antes este deslizamento dos extremos rumo ao centro e para baixo, que faz girar tanto o objeto quanto o sujeito em torno da prática dos quase-objetos e dos mediadores. Não precisamos apoiar nossas explicações nestas duas formas puras, o objeto ou o sujeito-sociedade, já que elas são, ao contrário, resultados parciais e purificados da prática central, a única que nos interessa. São produto do *cracking* purificador, e não sua matéria-prima. A natureza gira, de fato, mas não ao redor do sujeito-sociedade. Ela gira em torno do coletivo produtor de coisas e de homens. O sujeito gira, de fato, mas não em torno da natureza. Ele é obtido a partir do coletivo produtor de homens e de coisas. O Império do Meio se encontra, enfim, representado. Naturezas e sociedades são os seus satélites.

Dos intermediários aos mediadores

A partir do momento em que realizamos a contrarrevolução copernicana, e que situamos o quase-objeto abaixo e igualmente distante das antigas coisas-em-si e dos antigos homens-entre-eles, quando voltamos à prática de sempre, percebemos que não há mais razão para limitar a duas as variedades ontológicas (ou três, se contarmos o Deus barrado).

A bomba de vácuo que nos serviu como exemplo até aqui é, por si só, uma variedade ontológica? No mundo da revolução copernicana, deveríamos dividi-la em duas; uma primeira parte iria para a esquerda e se tornaria "leis da natureza"; uma segunda parte iria para a direita e se tornaria "a sociedade inglesa do século XVII'"; talvez houvesse ainda uma terceira, o fenômeno, que marcaria o lugar vazio onde as outras duas deveriam reunir-se. Em seguida, através da multiplicação dos intermediários, deveríamos aproximar aquilo que separamos. Diríamos que a bomba do laboratório "revela" ou "representa" ou "materializa" ou "permite apreender" as leis da natureza. Diríamos também que as "representações" dos ricos cavalheiros ingleses permitem a "interpretação" da pressão do ar e a "aceitação" da existência de um vácuo. Se nos aproximarmos ainda mais do ponto de encontro e de clivagem, passaríamos do contexto global ao contexto local e mostraríamos como os gestos de Boyle e a pressão da Royal Society permitem que eles compreendam os defeitos da bomba, seus vazamentos e suas aberrações. Através da multiplicação dos termos intermediários acabaríamos colando de volta as duas partes — natureza e social — que, anteriormente, estavam infinitamente afastadas.

Neste exemplo trabalhei com situações ideais e supus historiadores simétricos. Na prática, infelizmente, haverá apenas historiadores para a Inglaterra do século XVII, que só estarão interessados em fazer a bomba surgir milagrosamente do Céu das Ideias para estabelecer sua cronologia. Por outro lado, os cientistas e epistemólogos irão descrever a física do vácuo sem se preocupar nem um pouco com a Inglaterra ou com Boyle. Deixemos estas duas tarefas assimétricas, uma que esquece os não-humanos, e outra que esquece os humanos, para considerar o resultado da explicação anterior, que se esforçava para ser simétrica.

Em uma explicação deste tipo, no fundo nada teria ocorrido. Para explicar nossa bomba de ar, teríamos mergulhado nossa mão, alternadamente, seja na urna que compreende eternamente os seres da natureza, seja naquela que compreende os recursos sempiternos do mundo social. A natureza sempre foi idêntica a si mesma. A sociedade sempre foi composta pelos mesmos recursos, mesmos interesses, mesmas paixões. Na perspectiva moderna, a natureza e a sociedade permitem a explicação porque elas, em si, não precisam ser explicadas. Existem, é claro, os intermediários cujo papel é justamente o de criar uma ligação entre as duas, mas eles só podem criar as ligações porque, justamente, não possuem qualquer dignidade ontológica. Nada fazem além de transportar, veicular, deslocar a potência dos dois únicos seres reais, natureza e sociedade. Claro, podem transportar mal, podem ser infiéis ou obtusos. Mas esta falta de fidelidade não lhes dá nenhuma importância própria, uma vez que é ela quem prova, pelo contrário, seu estatuto de intermediário. Eles não possuem competência original. Na pior das hipóteses, são bestas ou escravos, e na melhor, servidores leais.

Se realizarmos a contrarrevolução copernicana, seremos então obrigados a levar muito mais a sério o trabalho dos intermediários, já que eles não irão mais transmitir a potência da natureza e da sociedade, e sim todos os mesmos efeitos de realidade. Se contarmos agora as entidades dotadas de um estatuto autônomo, encontraremos muito mais do que duas ou três. Encontraremos dezenas delas. A natureza tem ou não horror ao vácuo? Há um verdadeiro vácuo na bomba ou algum éter sutil teria entrado nela sorrateiramente? Como as testemunhas da Royal Society vão dar conta das vazamentos na bomba? Como o rei da Inglaterra vai aceitar que se comece novamente a falar das propriedades da matéria e que sejam novamente formados cenáculos privados exatamente no momento em que começava a ser resolvida a questão do poder absoluto? A autenticidade dos milagres encontra-se ou não apoiada pela mecanização da matéria? Boyle irá se tornar um experimentador respeitado caso pratique estas experiências vulgares

Revolução

e abandone a explicação dedutiva, a única digna de um cientista? Todas estas questões não estão mais encurraladas entre a natureza e a sociedade, já que todas elas *redefinem aquilo de que a natureza é capaz e o que é a sociedade.* Natureza e sociedade não são mais os termos explicativos, mas sim o que requer uma explicação conjunta (Latour, 1989a). Em torno do trabalho da bomba se reconstituem um novo Boyle, uma nova natureza, uma nova teologia dos milagres, uma nova sociabilidade científica, uma nova sociedade que incluirá, a partir de agora, o vácuo, os cientistas e o laboratório.

Não iremos mais explicar a inovação da bomba de ar mergulhando alternadamente a mão nas duas urnas da natureza e da sociedade. Pelo contrário, iremos encher estas urnas ou, ao menos, modificaremos profundamente seu conteúdo. A natureza vai sair mudada do laboratório de Boyle, e também a sociedade inglesa, mas tanto Boyle quanto Hobbes irão mudar também. Tais metamorfoses são incompreensíveis se eternamente existirem apenas dois seres, natureza e sociedade, ou se a primeira permanece eterna enquanto a segunda é agitada pela história. Estas metamorfoses, no entanto, tornam-se explicáveis se redistribuirmos a essência por todos os seres que compõem esta história. Mas então eles deixam de ser simples intermediários mais ou menos fiéis. Tornam-se mediadores, ou seja, atores dotados da capacidade de traduzir aquilo que eles transportam, de redefini-lo, desdobrá-lo, e também de traí-lo. Os servos tornaram-se cidadãos livres.

Quando oferecemos a todos os mediadores o ser até então cativo na natureza e na sociedade, a passagem do tempo já se torna mais compreensível. No mundo da revolução copernicana, onde tudo deveria poder ser colocado entre os dois polos da natureza e da sociedade, a história no fundo não valia nada. Tudo o que se fazia era descobrir a natureza ou desdobrar a sociedade ou aplicar uma sobre a outra. Os fenômenos nada mais eram do que o encontro de elementos que sempre estavam presentes anteriormente. Havia uma história contingente, mas apenas para os humanos, desvinculada da necessidade das coisas naturais. A partir do momento em que partimos do meio, em que invertemos as setas da explicação, em que tomamos a essência acumulada nas duas extremidades para redistribuí-la pelo conjunto dos intermediários, em que elevamos estes últimos à dignidade de mediadores de fato, então a história torna-se realmente possível. O tempo se torna realmente presente. Algo de fato ocorre com Boyle, com a elasticidade do ar, com o vácuo, com a bomba de ar, com o rei, com Hobbes. Todos saem mudados. Todas as essências tornam-se acontecimentos, a elasticidade do ar da mesma forma que a morte de Querubim. A história não é mais simplesmente a história dos homens, mas também a das coisas naturais (Serres, 1989a).

Da coisa-em-si ao questionamento

Esta contrarrevolução copernicana equivale a modificar o lugar do objeto para retirá-lo da coisa-em-si e levá-lo ao coletivo sem, entretanto, aproximá-lo da sociedade. O trabalho de Serres é tão importante quanto o de Shapin e Schaffer ou o de Hennion para que possamos atingir este deslocamento, esta descida. "Procuramos descrever a emergência do objeto, não apenas da ferramenta ou de uma bela estátua, mas da coisa em geral, ontologicamente falando. Como o objeto chegou até a hominidade", escreve Michel Serres em um de seus melhores livros (Serres, 1987, p. 162). Mas o problema é que ele não pode

> "encontrar o que quer que seja nos livros que descreva a experiência primitiva durante a qual o objeto enquanto tal constituiu o sujeito hominiano, já que os livros são escritos para recobrir com esquecimento essa empiria ou lacrar sua porta, e que os discursos expulsam com seu barulho aquilo que ocorreu nesse silêncio" (p. 216).

Possuímos centenas de mitos contando como o sujeito (ou o coletivo, ou a intersubjetividade, ou as epistemes) construiu o objeto — a revolução copernicana de Kant sendo apenas um exemplo de uma longa linhagem. Não temos, entretanto, nada para nos contar o outro lado da história: como o objeto faz o sujeito. Shapin e Schaffer dispõem de milhares de páginas de arquivos sobre as ideias de Boyle e de Hobbes, mas nada sobre a prática tácita da bomba de ar ou sobre a destreza que ela requeria. Os testemunhos sobre esta segunda metade da história não são constituídos de textos ou linguagens, mas de restos silenciosos e brutais assim como bombas, pedras e estátuas. Ainda que a arqueologia de Serres esteja situada diversas camadas abaixo da arqueologia da bomba de ar, ele se choca com o mesmo silêncio.

> "O povo de Israel entoa salmos em frente ao muro desmantelado das lamentações: do templo não sobrou pedra sobre pedra. O que viu, o que fez, o que pensou o sábio Tales em frente às pirâmides do Egito, em uma época tão antiga para nós quando o nome de Quéops era arcaico para ele, por que ele inventou a geometria em frente a este amontoado de pedras? O Islã inteiro sonha viajar para Meca onde está conservada, na Caaba, negra, a pedra. A ciência moderna nasce, na Renascença, a partir da queda dos corpos: caem as pedras. Por que Jesus fundou a Igreja cristã sobre um homem cujo nome era Pedro? Misturo à vontade religiões e conhecimentos nestes exemplos de instauração" (p. 213).

Por que deveríamos levar a sério uma generalização tão apressada de todas estas petrificações, misturando a pedra negra religiosa à queda dos corpos de Galileu? Pelo mesmo motivo que levei a sério o trabalho de Shapin e Schaffer "misturando à vontade religiões e saberes em seus exemplos de instauração" da ciência e da política modernas. Eles haviam fundamentado a epistemologia com este novo ator desconhecido, a bomba de ar improvisada, artesanal e que vaza. Serres fundamenta a epistemologia com este ator desconhecido, as coisas silenciosas. Todos são movidos pela mesma razão antropológica: a ciência e a religião estão reunidas por uma profunda reinterpretação do que significa acusar e provar. Para Boyle, como para Serres, a ciência é um ramo do judiciário:

> "Em todas as línguas da Europa, ao norte bem como ao sul, a palavra coisa, qualquer que seja sua forma,

tem como origem ou raiz a palavra causa, proveniente da área jurídica, política ou da crítica em geral. Como se os objetos em si existissem apenas de acordo com os debates de uma assembleia ou de acordo com uma decisão pronunciada por um júri. A linguagem quer que o mundo venha somente dela. Ao menos é o que ela diz" (p. 111). "Era assim que o latim chamava *res*, a coisa, de onde tiramos a realidade, objeto do procedimento jurídico ou a própria causa, de forma que, para os antigos, o acusado era chamado de *reus* porque os magistrados o citavam. Como se toda realidade humana viesse apenas dos tribunais" (p. 307). "Ali nos esperam o milagre e a resolução do enigma final. A palavra causa designa a raiz ou origem da palavra coisa: *causa, cosa*; da mesma forma, *thing* ou *Ding*. [...] O tribunal coloca em questão a identidade da causa e da coisa, da palavra e do objeto ou a passagem substitutiva de ambos. Algo emerge aí" (p. 294).

É assim que Serres generaliza, em três citações, os resultados que Shapin e Schaffer montaram com tanto esforço: as causas, as pedras e os fatos nunca ocupam a posição da coisa-em-si. Boyle perguntava-se como terminar com as guerras civis. Obrigando a matéria a ser inerte, pedindo a Deus que não estivesse presente diretamente, construindo um novo espaço fechado em um recipiente onde a existência do vácuo ficaria clara, renunciando a condenar as testemunhas por suas opiniões. Não haverá mais nenhuma acusação *ad hominem*, nos diz Boyle, nenhuma testemunha humana será levada em conta, somente os indicadores não humanos e instrumentos observados por cavalheiros serão válidos. A acumulação obstinada dos *matters of fact* irá estabelecer os fundamentos do coletivo pacificado. Esta invenção dos fatos não é, entretanto, a descoberta das coisas *out there*, é uma criação antropológica que redistribui Deus, a vontade, o amor, o ódio, e a justiça. Serres concorda. Não temos a menor ideia quanto ao aspecto que as coisas teriam fora do tribunal, fora de nossas guerras civis, fora de nossos processos e nossos tribunais. Sem acusação, não temos nenhuma causa para defender e não podemos atribuir causas aos fenômenos. Esta situação antropológica não se limita a nosso passado pré-científico, uma vez que ela pertence mais a nosso presente científico.

Assim, não vivemos em uma sociedade que seria moderna porque, contrariamente a todas as outras, estaria enfim livre do inferno das relações coletivas, do obscurantismo da religião, da tirania da política, mas porque, assim como todas as outras, redistribui as acusações, substituindo uma causa — judiciária, coletiva, social — por uma causa — científica, não social, *matter-of-factual*. Em nenhum lugar podemos observar um objeto e um sujeito, uma sociedade que seria primitiva e outra moderna. Uma série de substituições, de deslocamentos, de traduções mobilizam povos e coisas em escala cada vez maior.

> "Imagino, na origem, um turbilhão rápido no qual a constituição transcendental do objeto pelo sujeito se alimentaria, como por retroalimentação, da constituição simétrica do sujeito pelo objeto, em semiciclos vertiginosos e constantemente retomados, retornando à origem. [...] Existe um transcendental objetivo, condição constitutiva do sujeito pela aparição do objeto como objeto em geral. Da condição inversa ou simétrica sobre o ciclo turbilhonante, temos testemunhos, rastros ou narrativas, escritos nas línguas instáveis. [...] Mas da condição constitutiva direta a partir do objeto temos testemunhos tangíveis, visíveis, concretos, formidáveis, tácitos. Por mais que voltemos na história falante ou na pré-história silenciosa, eles nunca deixam de estar presentes" (p. 209).

Serres, em sua obra tão pouco moderna, nos conta uma pragmatogonia, tão fabulosa quanto a velha cosmogonia de Hesíodo ou a de Hegel. A sua não procede por metamorfose ou dialética, mas por substituições. As novas ciências que desviam, transformam, petrificam o coletivo em coisas que ninguém fez, nada mais são do que retardatárias nesta longa mitologia das substituições.

Aqueles que acompanham as redes ou que estudam as ciências apenas documentam a enésima volta desta espiral cujo começo fabuloso é esboçado por Serres. A ciência contemporânea é uma forma de prolongar o que sempre fizemos. Hobbes construiu um corpo político a partir de corpos nus animados — ele se vê às voltas com a gigantesca prótese artificial do Leviatã; Boyle concentra todo o conflito das guerras civis em torno de uma bomba de ar — ele se vê às voltas com fatos. Cada volta da espiral define um novo coletivo e uma nova objetividade. O coletivo em permanente renovação que se organiza em torno das coisas em permanente renovação jamais deixou de evoluir. Jamais deixamos a matriz antropológica — estamos ainda na idade das trevas ou, se preferirmos, estamos ainda na infância do mundo.

Ontologias de geometria variável

A partir do momento em que atribuímos a historicidade a todos os atores, a fim de acolher a proliferação dos quase-objetos, a natureza e a sociedade tornam-se tão inexistentes quanto o Oeste e o Leste. Tornam-se referências cômodas e relativas que os modernos empregam para diferenciar os intermediários, alguns sendo chamados de "naturais" e outros de "sociais", enquanto outros serão "totalmente naturais" e outros ainda "totalmente sociais". Os analistas que vão em direção à esquerda serão chamados de realistas, enquanto os que forem para a direita serão chamados de construtivistas (Pickering, 1992). Os que desejarem manter-se exatamente no meio inventarão inúmeras combinações para misturar a natureza com a sociedade (ou sujeito), alternando a "dimensão simbólica" das coisas com a "dimensão natural" das sociedades. Outros, mais imperialistas, tentarão naturalizar a sociedade integrando-a na natureza, ou então socializar a natureza, fazendo com que seja digerida pela sociedade (ou, o que é mais difícil, pelo sujeito).

Entretanto, essas referências e esses debates continuam a ser unidimensionais. Classificar o conjunto das entidades segundo uma única linha que vai da natureza à sociedade seria o mesmo que elaborar mapas geográficos somente com a longitude, o que os reduziria a um único traço! A segunda dimensão permite dar toda latitude às entidades e desdobrar o mapa que registra, como eu disse anteriormente, ao mesmo tempo a Constituição moderna e sua prática. Como iremos definir esse equivalente do Norte e do Sul? Misturando as metáforas, eu diria que é preciso defini-lo como um gradiente que variaria a estabilidade das entidades continuamente do acontecimento até a essência. Nada sabemos ainda sobre a bomba de ar quando dizemos que ela é a representação das leis da natureza ou a representação da sociedade inglesa ou uma aplicação da primeira sobre a segunda ou vice-versa. Precisamos ainda decidir se estamos falando da bomba de ar-acontecimento do século XVII, ou da bomba de ar-essência estabilizada no século XVIII ou no século XX. O grau de estabilização — a latitude — é tão importante quanto a posição sobre a linha que vai do natural ao social — a longitude.

Figura 9

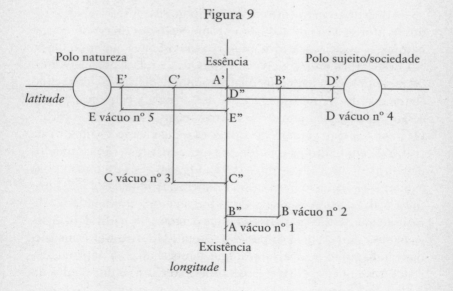

A ontologia dos mediadores, portanto, possui uma geometria variável. O que Sartre dizia dos humanos, que sua existência precede sua essência, é válido para todos os actantes, a elasticidade do ar, a sociedade, a matéria e a consciência. Não temos que escolher entre o vácuo n° 5, realidade da natureza exterior cuja essência não depende de nenhum humano, e o vácuo n° 4, representação que os pensadores ocidentais levaram séculos para definir. Ou antes, só poderemos escolher entre os dois quando houverem ambos sido estabilizados. Não podemos afirmar se o vácuo n° 1, muito instável no laboratório de Boyle, é natural ou social, mas apenas que ocorre artificialmente no laboratório. O vácuo n° 2 pode ser um artefato fabricado pela mão do homem, a menos que se transmute em vácuo n° 3, que começa a tornar-se uma realidade que escaparia aos homens. O que é o vácuo, então? Nenhuma destas posições. *A essência do vácuo é a trajetória que liga todas elas.* Em outras palavras, a elasticidade do ar possui uma história. Cada um dos actantes possui uma assinatura única no espaço desdobrado por essa trajetória. Para traçá-los, não precisamos construir nenhuma hipótese sobre a essência da natureza ou a da sociedade. Basta superpor todas essas assinaturas para obter a forma que os modernos chamam erroneamente, para resumir e purificar, de "natureza" e "sociedade".

Mas se projetarmos todas essas trajetórias sobre a linha única que liga o antigo polo da natureza ao antigo polo da sociedade, não compreenderemos mais nada. Todos os pontos (A, B, C, D, E) estarão projetados unicamente ao longo da única latitude (A', B', C', D', E'), sendo que o ponto central A estará localizado na posição dos antigos fenômenos, onde nada deveria ocorrer de acordo com o cenário moderno. Com esta linha, apenas, realistas e construtivistas poderão brigar durante 107 anos para interpretar o vácuo: os primeiros irão afirmar que ninguém fabricou esse fato real; os segundos, que esse fato social foi fabricado apenas com nossas mãos; os partidários do justo meio ficarão divididos entre os dois sentidos da palavra "fato", usando, conforme convém, a fórmula "não apenas... mas também...". Isto porque a fábrica encontra-se abaixo dessa linha, no trabalho de mediação, visível unicamente se levarmos em conta também o grau de estabilização (B", C", D", E").

Ocorre, com as grandes massas da natureza e da sociedade, o mesmo que ocorre com os continentes resfriados na tectônica das placas. Se desejarmos compreender seu movimento, precisamos descer nessas fendas em chamas onde o magma irrompe e a partir do qual se produzirão, muito mais tarde e mais longe, por resfriamento e empilhamento progressivo, as duas placas continentais sobre as quais nossos pés estão firmemente fixados. Nós também devemos descer e aproximar-nos desses lugares onde são criados os mistos que se tornarão, muito mais tarde, naturais ou sociais. Seria muito pedir que, em nossos debates, de agora em diante, confiramos precisão tanto à latitude quanto à longitude das entidades de que falamos, e que consideremos todas as essências como trajetórias?

Agora podemos compreender melhor o paradoxo dos modernos. Uma vez que utilizavam ao mesmo tempo o trabalho de mediação e o de purificação, mas representavam apenas o segundo, eles jogavam ao mesmo tempo com a transcendência e com a imanência das duas instâncias da natureza e da sociedade. O que resultava em quatro recursos contraditórios, que lhes permitiam fazer tudo e qualquer coisa. Ora, se traçarmos o mapa das variedades ontológicas, iremos perceber que não há quatro regiões, mas somente três. A dupla transcendência da natureza, de um lado, e da sociedade, do outro, corresponde às essências estabilizadas. Em compensação, a imanência das naturezas-naturantes e dos coletivos corresponde a uma mesma e única região, a da instabilidade dos eventos, a do trabalho de mediação. A Constituição moderna, portanto, está certa: há de fato um abismo entre a natureza e a sociedade, mas este abismo é apenas um resultado tardio da estabilização. O único abismo que conta é o que separa o trabalho de mediação da moldagem constitucional, mas este abismo torna-se, graças à própria proliferação dos híbridos, um gradiente contínuo que somos capazes de percorrer tão logo nos tornamos novamente aquilo que jamais deixamos de ser, ou seja, não-modernos. Se acrescentarmos à versão oficial e estável da Constituição sua versão oficiosa e quente — ou instável —, ocorrerá, ao contrário, que o meio se preencherá e os extremos se esvaziarão. Compreendemos por que os não-modernos não sucedem aos modernos. Tudo que os primeiros fazem é oficializar a prática desviada dos segundos. Pelo preço de uma pequena contrarrevolução, podemos enfim compreender, retrospectivamente, aquilo que sempre havíamos feito.

Ligar os quatro repertórios modernos

Ao desenhar as duas dimensões, moderna e não-moderna, ao operar essa contrarrevolução copernicana, ao fazer o objeto e o sujeito deslizarem para o centro e para baixo, talvez sejamos capazes de capitalizar os melhores recursos críticos. Os modernos desenvolveram quatro repertórios diferentes, que acreditavam ser incompatíveis, para acomodar a proliferação dos quase-objetos. O primeiro repertório trata da realidade exterior de uma natureza da qual não somos mestres, que existe fora de nós e que não conta nem com nossas paixões nem com nossos desejos, ainda que sejamos capazes de mobilizá-la e de construí-la. O segundo repertório trata do laço social, daquilo que liga os humanos entre si, das paixões e desejos que nos agitam, das forças personificadas que estruturam a sociedade — a qual nos ultrapassa, ainda que seja construída por nós. O terceiro trata da significação e do sentido, dos actantes que compõem as histórias que contamos uns aos outros, das provas que eles enfrentam, das aventuras que atravessam, dos tropos e dos gêneros que os organizam, das grandes narrativas que nos dominam infinitamente, ainda que sejam simultaneamente texto e discurso. O quarto, enfim, fala do Ser, e desconstrói aquilo de que nos esquecemos quando nos preocupamos apenas com o ente, ainda que a diferença do Ser esteja distribuída pelos entes, coextensivos à sua própria existência.

Esses recursos só são incompatíveis na versão oficial da Constituição. Na prática, é difícil distinguir os quatro. Misturamos, sem o menor pudor, nossos desejos com as coisas, o sentido com o social, o coletivo com as narrativas. A partir do momento em que seguimos os rastros de qualquer quase-objeto, ele nos aparece algumas vezes como coisa, outras como narrativa, outras ainda como laço social, sem nunca reduzir-se a um simples ente. Nossa bomba de ar traça a elasticidade do ar, mas traça também a sociedade do século XVII e define, igualmente, um novo gênero literário, o da narrativa de experiências em laboratório. Quando a seguimos, devemos acreditar que tudo é retórico, ou que tudo é natural, ou que tudo é construído socialmente, ou que tudo é arrazoado? Devemos supor que, em sua essência, a mesma bomba é algumas vezes objeto, algumas vezes laço social e algumas vezes discurso? Ou que é um pouco dos três? Que algumas vezes é um simples ente, e algumas vezes é marcada, deslocada, rachada pela diferença? E se fôssemos nós, os modernos, que dividíssemos artificialmente uma trajetória única que, em princípio, não seria nem objeto, nem sujeito, nem efeito de sentido, nem puro ente? E se a separação dos quatro repertórios só se aplicasse a estados estabilizados e tardios?

Nada prova que esses recursos continuem incompatíveis quando passamos das essências aos acontecimentos, da purificação à mediação, da dimensão moderna à dimensão não-moderna, da revolução à contrarrevolução copernicana. Vamos dizer apenas que os quase-objetos quase-sujeitos traçam redes. São reais, bem reais, e nós humanos não os criamos. Mas são coletivos, uma vez que nos ligam uns aos outros, que circulam por nossas mãos e nos definem por sua própria circulação. São entretanto discursivos, narrados, históricos, apaixonados e povoados de actantes com formas autônomas. São instáveis e arriscados, existenciais e portadores de Ser. Essa ligação dos quatro repertórios nos permite construir uma morada vasta o bastante para que nela abriguemos o Império do Meio, a verdadeira morada comum do mundo não-moderno e, ao mesmo tempo, de sua Constituição.

A síntese é impossível enquanto permanecermos realmente modernos, já que a natureza, o discurso, a sociedade, o Ser nos ultrapassam infinitamente, e que estes quatro conjuntos só podem ser definidos através de sua separação, a qual mantém nossas garantias constitucionais. Mas a continuidade torna-se possível se acrescentarmos às garantias a prática que ela permite justamente por negá-la. Os modernos estão certos ao desejarem ao mesmo tempo a realidade, a linguagem, a sociedade e o Ser. Apenas erram ao considerá-los para sempre contraditórios. Ao invés de analisar sempre o percurso dos quase-objetos fazendo uma separação de seus recursos, não poderíamos escrever como se eles devessem se ligar continuamente uns aos outros? Provavelmente sairíamos da prostração pós-moderna.

Confesso que não aguento mais sentir-me eternamente fechado somente na linguagem ou prisioneiro das representações sociais. Desejo um acesso às próprias coisas, e não a seus fenômenos. O real não está longe, mas sim acessível em todos os objetos mobilizados pelo mundo. A realidade exterior não abunda no meio de nós?

Estamos mais que fartos do domínio eterno de uma natureza transcendente, que não se pode conhecer, inacessível, exata e simplesmente verdadeira, povoada de entidades sonolentas como a Bela Adormecida, até o dia em que os belos sábios finalmente as descubram. Nossos coletivos são mais ativos, mais produtivos, mais socializados do que as cansativas coisas-em-si nos deixavam considerar.

Vocês não estão cansados dessas sociologias construídas sobre o social que se sustentam através da simples repetição das palavras "poder" e "legitimidade" porque não podem admitir nem o mundo dos objetos nem o das linguagens que, no entanto, as constroem? Nossos coletivos são mais reais, mais naturalizados, mais discursivos do que os cansativos homens-entre-eles nos deixavam ver.

Estamos cansados dos jogos de linguagem e do eterno ceticismo da desconstrução dos sentidos. O discurso não é um mundo em si, mas uma população de actantes que se misturam tanto às coisas quanto às sociedades, que sustentam ambas, e que as mantêm. O interesse pelos textos não nos afasta da realidade, já que as coisas também têm direito à dignidade de ser narrativas. Quanto aos textos, por que negar-lhes a grandeza de serem o laço social que nos mantém juntos?

Não aguento mais ser acusado, eu e meus contemporâneos, de termos esquecido o Ser, de vivermos em um submundo esvaziado de toda substância, de todo sagrado, de toda arte. Tampouco creio precisar perder o mundo histórico, científico e social em que vivo para reencontrar esses tesouros. O envolvimento com as ciências, as técnicas, os mercados e as coisas não nos afasta nem da diferença entre o Ser e os entes nem da sociedade, da política ou da linguagem.

Revolução

Reais como a natureza, narrados como o discurso, coletivos como a sociedade, existenciais como o Ser, tais são os quase-objetos que os modernos fizeram proliferar, e é assim que nos convém segui-los, tornando-nos simplesmente aquilo que jamais deixamos de ser, não-modernos.

4.
RELATIVISMO

COMO ACABAR COM A ASSIMETRIA?

No início deste ensaio, eu propus a antropologia como modelo de descrição de nosso mundo, já que apenas ela poderia ligar em um todo a trajetória estranha dos quase-objetos. Reconheci, entretanto, que este modelo não era viável, já que não se aplicava às ciências e às técnicas. Se as etnociências eram capazes de retraçar os laços que as ligavam ao mundo social, não se pode dizer o mesmo das ciências exatas, incapazes de fazê-lo. Para compreender por que era tão difícil aplicar às redes sociotécnicas de nosso mundo a mesma liberdade de tom, foi preciso que eu compreendesse o que entendemos por moderno. Se o que entendemos é esta Constituição oficial que deve distinguir totalmente os humanos e os não-humanos, então, de fato, é impossível que haja uma antropologia do mundo moderno. Mas se desdobramos ao mesmo tempo a Constituição e o trabalho de mediação que lhe dá sentido, perceberemos retrospectivamente que jamais fomos realmente modernos. Consequentemente, a antropologia, que até então chocava-se com as ciências e as técnicas, pode novamente tornar-se o modelo de descrição que eu desejava. Impotente para comparar os pré-modernos aos modernos, ela poderia compará-los aos não--modernos.

Infelizmente, é difícil reutilizar a antropologia em seu estado atual. Formada pelos modernos para compreender aqueles que não o eram, ela interiorizou, em suas práticas, em seus conceitos, em suas questões, a impossibilidade da qual falei anteriormente (Bonte e Izard, 1991). Ela mesma evita estudar os objetos da natureza e limita a extensão de suas pesquisas apenas às culturas.

Permanece assimétrica. Para que se torne comparativa e possa ir e vir entre os modernos e os não-modernos, é preciso torná-la simétrica. Para tanto, deve tornar-se capaz de enfrentar não as crenças que não nos tocam diretamente — somos sempre bastante críticos diante delas — mas sim os conhecimentos aos quais aderimos totalmente. É preciso torná-la capaz de estudar as ciências, ultrapassando os limites da sociologia do conhecimento e, sobretudo, da epistemologia.

Este é o primeiro princípio de simetria, que abalou os estudos das ciências e as técnicas, ao exigir que o erro e a verdade fossem tratados da mesma forma (Bloor, 1982). Até então, a sociologia do conhecimento só explicava, através de uma grande quantidade de fatores sociais, os desvios em relação à trajetória retilínea da razão. O erro podia ser explicado socialmente, mas a verdade continuava a ser sua própria explicação. Era possível analisar a crença em discos voadores, mas não o conhecimento dos buracos negros; era possível analisar as ilusões da parapsicologia, mas não o saber dos psicólogos; os erros de Spencer, mas não as certezas de Darwin. Fatores sociais do mesmo tipo não podiam ser igualmente aplicados aos dois. Nestes dois pesos, duas medidas, encontramos a antiga divisão da antropologia entre ciências — impossíveis de estudar — e etnociências — possíveis de estudar.

Os pressupostos da sociologia do conhecimento jamais teriam intimidado por muito tempo os etnólogos se os epistemólogos não houvessem elevado ao posto de princípio fundador esta mesma assimetria entre as verdadeiras ciências e as falsas. Apenas estas últimas — as ciências "proscritas" — podem estar ligadas ao contexto social. Quanto às ciências "sancionadas", apenas se tornam científicas porque se separam de qualquer contexto, qualquer traço de contaminação, qualquer evidência primeira, chegando mesmo a escapar de seu próprio passado. Esta é a diferença, para Bachelard e seus discípulos, entre a história e a história das ciências. A primeira pode ser simétrica, mas isto não importa porque ela nunca trata da ciência; a segunda jamais deve ser simétrica, a fim de que o corte epistemológico permaneça total.

Um único exemplo será suficiente para mostrar até onde pode levar a rejeição de toda e qualquer antropologia simétrica.

Quando Canguilhem faz a distinção entre as ideologias científicas e as verdadeiras ciências, não somente afirma que é impossível estudar Darwin — o sábio — e Diderot — o ideólogo — nos mesmos termos, mas também que deve ser impossível colocá-los no mesmo saco (Canguilhem, 1968). "A separação entre a ideologia e a ciência deve impedir que sejam colocados em continuidade, em uma história das ciências, alguns elementos de uma ideologia aparentemente conservados e a construção científica que destituiu a ideologia: por exemplo, procurar no *Rêve de d'Alembert* elementos precursores de *A origem das espécies*" (p. 45). Só é científico aquilo que rompe para sempre com a ideologia. Se seguirmos tal princípio, é de fato difícil seguir os quase-objetos em seus princípios e fins. Após terem passado pelas mãos do epistemólogo, todas as suas raízes terão sido arrancadas. Só irá sobrar o objeto extraído de toda a rede que lhe dava sentido. Mas por que chegar mesmo a falar de Diderot e de Spencer, por que o interesse pelo erro? Porque sem ele o brilho da verdade seria insuportável! "O enlace da ideologia e da ciência deve impedir que a história de uma ciência seja reduzida à platitude de um histórico, ou seja, de um quadro sem sombra de relevo" (p. 45). O falso é aquilo que dá valor ao verdadeiro. O que Racine fazia para o Rei Sol sob o belo título de historiador, Canguilhem faz por Darwin, sob o rótulo, igualmente usurpado, de historiador das ciências.

O princípio de simetria restabelece, pelo contrário, a continuidade, a historicidade e, vale lembrar, a justiça. Bloor é o anti-Canguilhem, da mesma forma que Serres é o anti-Bachelard, o que, por sinal, explica a total incompreensão, na França, tanto da sociologia das ciências quanto da antropologia de Serres (Bowker e Latour, 1987). "O único mito puro é a ideia de uma ciência purificada de qualquer mito", ele escreve ao romper com a epistemologia (Serres, 1974, p. 259). Para ele, bem como para os historiadores das ciências propriamente ditos, Diderot, Darwin, Malthus e Spencer devem ser explicados de acordo com os mesmos princípios e as mesmas causas. Ao dar conta da crença em discos voadores, verifique se as mesmas explicações podem ser empregadas, simetricamente, para os buracos negros (Lagrange, 1990); ao atacar a parapsicologia, você usaria os mesmos fatores para a psico-

Relativismo

logia (Collins e Pinch, 1991)? Ao analisar o sucesso de Pasteur, será que os mesmos termos irão permitir dar conta de seus fracassos (Latour, 1984)?

Antes de tudo, o primeiro princípio de simetria propõe um regime de emagrecimento para as explicações. Havia se tornado tão fácil dar conta do erro! A sociedade, as crenças, a ideologia, os símbolos, o inconsciente, a loucura, tudo era tão acessível que as explicações tornavam-se obesas. Mas a verdade? Ao retirarmos esta facilidade do corte epistemológico, nós que estudamos as ciências percebemos que a maior parte de nossas explicações não valia muito. A assimetria organizava todas elas e apenas dava um pontapé nos vencidos. Tudo muda se a disciplina do princípio de simetria nos força a conservar apenas as causas que poderiam servir tanto para o vencedor quanto para o vencido, para o sucesso e para o fracasso. Equilibrando com precisão a balança da simetria, a diferença torna-se mais clara e permite compreender por que uns ganham e outros perdem (Latour, 1989b). Aqueles que pesavam os vencedores com uma balança e os perdedores com outra, gritando, como Brennus, *"vae victis!"*, até aqui tornavam esta diferença incompreensível.

O PRINCÍPIO DA SIMETRIA GENERALIZADA

O primeiro princípio de simetria oferece a incomparável vantagem de livrar-nos dos cortes epistemológicos, das separações *a priori* entre ciências "sancionadas" e ciências "proscritas", e das divisões artificiais entre as sociologias do conhecimento, da crença e das ciências. Outrora, quando o antropólogo retornava de algum local longínquo para descobrir, entre os seus, as ciências que haviam sido purificadas pela epistemologia, era impossível para ele estabelecer uma relação entre as etnociências e os saberes. Abstinha-se, portanto, e com razão, de estudar a si mesmo, contentando-se em analisar as culturas. Hoje, quando retorna e descobre, entre os seus, estudos cada vez mais numerosos sobre suas próprias ciências e técnicas, o abismo já não é tão grande. Ele pode transitar, sem maiores dificuldades, da física chinesa à física inglesa (Needham, 1991); dos navegantes trobriandeses aos navegantes da US Navy (Hutchins, 1983); dos calculadores do oeste da África aos matemáticos da Califórnia (Rogoff e Lave, 1984); dos técnicos da Costa do Marfim aos prêmios Nobel de La Jolla (Latour, 1988a); dos sacrifícios ao deus Baal à explosão do ônibus espacial Challenger (Serres, 1987). Ele não precisa mais limitar-se às culturas, já que as naturezas tornam-se igualmente passíveis de estudo.

No entanto, o princípio de simetria definido por Bloor nos leva rapidamente a um impasse (Latour, 1991). Se por um lado ele obriga a uma disciplina ferrenha quanto às explicações, por outro ele é, em si, assimétrico, como podemos ver no diagrama a seguir:

Figura 10

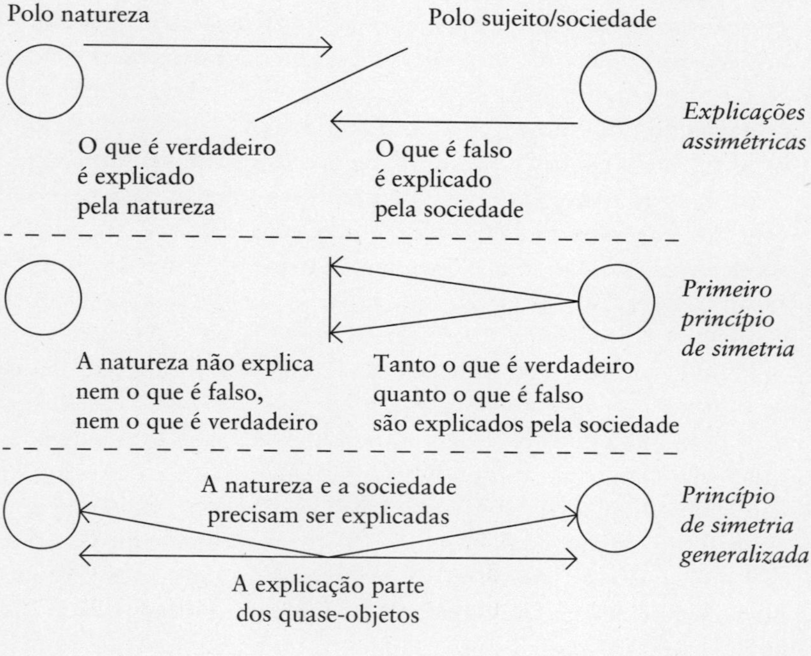

Este princípio exige, de fato, que o verdadeiro e o falso sejam explicados com os mesmos termos; mas quais são os termos escolhidos? Aqueles que as ciências da sociedade oferecem aos descendentes de Hobbes. Em vez de explicar o verdadeiro através da adequação com a realidade natural, e o falso através da restrição das categorias sociais, das epistemes, ou dos interesses, este princípio tenta explicar tanto o verdadeiro quanto o falso usando as mesmas categorias, as mesmas epistemes e os mesmos interesses. É portanto assimétrico, não mais porque divide, como o fazem os epistemólogos, a ideologia e a ciência, mas porque coloca a natureza entre parênteses, jogando todo o peso das explicações apenas sobre o polo da sociedade. Construtivista para a natureza, é realista para a sociedade (Collins e Yearley, 1992; Callon e Latour, 1992).

Mas a sociedade, como sabemos agora, também é construída, tanto quanto a natureza. Se formos realistas para uma, devemos sê-lo para a outra; se formos construtivistas para uma, também devemos sê-lo para ambas. Ou antes, como nossa investigação sobre as duas práticas modernas nos mostrou, é preciso compreender ao mesmo tempo como a natureza e a sociedade são imanentes — no trabalho de mediação — e transcendentes — após o trabalho de purificação. Natureza e sociedade não oferecem nenhuma base sólida sobre a qual possamos assentar nossas interpretações — assimétricas no sentido de Canguilhem, ou simétricas no sentido de Bloor —, mas sim algo que deveríamos explicar. A aparente explicação que dela provém só aparece posteriormente, quando os quase-objetos estabilizados transformaram-se, após a clivagem, em objetos da realidade exterior, por um lado, e sujeitos da sociedade, de outro.

Para que a antropologia se torne simétrica, portanto, não basta que acoplemos a ela o primeiro princípio de simetria — que só dá cabo das injustiças mais óbvias da epistemologia. É preciso que a antropologia absorva aquilo que Michel Callon chama de princípio de simetria generalizada: o antropólogo deve estar situado no ponto médio, de onde pode acompanhar, ao mesmo tempo, a atribuição de propriedades não humanas e de propriedades humanas (Callon, 1986). Não lhe é permitido usar a realidade exterior para explicar a sociedade, tampouco usar os jogos de poder para dar conta daquilo que molda a realidade externa. Também não lhe é permitido alternar entre o realismo natural e o realismo sociológico, usando "não apenas" a natureza, "mas também" a sociedade, a fim de conservar as duas assimetrias iniciais, ao mesmo tempo em que dissimula as fraquezas de uma sob as fraquezas da outra (Latour, 1989a).

Enquanto éramos modernos, era impossível ocupar este lugar, já que ele não existia! A única posição central que a Constituição reconhecia, como vimos anteriormente, era o fenômeno, ponto de encontro onde se aplicam os dois polos da natureza e do sujeito. Mas este ponto permanecia terra de ninguém, um não-lugar. Tudo muda de figura, conforme descobrimos, quando, ao invés de alternar sempre entre os dois polos da dimensão moderna, apenas, nós descemos ao longo da dimensão não-moderna. O não-lugar impensável torna-se o ponto de irrupção, na Constituição, do trabalho de mediação. Longe de estar vazio, é lá que os quase-objetos, quase-sujeitos proliferam. Longe de ser impensável, torna-se o terreno de todos os estudos empíricos realizados sobre as redes.

Mas este lugar não seria exatamente aquele que a antropologia preparou durante um século, com tanta dificuldade, e que o etnólogo ocupa hoje sem nenhum esforço quando ele estuda outras culturas? De fato, podemos vê-lo passar, sem mudar seus instrumentos de análise, da meteorologia ao sistema de parentesco, da natureza das plantas à sua representação cultural, da organização política à etnomedicina, das estruturas míticas à etnofísica ou às técnicas de caça. É bem verdade que a coragem do etnólogo para desdobrar este tecido inteiriço vem de sua convicção íntima de que se trata apenas de representações, nada mais que representações. A natureza, quanto a ela, permanece única, exterior e universal. Mas se efetuarmos a superposição desses dois lugares — aquele que, sem maiores esforços, o etnólogo ocupa para estudar as culturas e aquele que, a muito custo, definimos para estudar nossa natureza —, a antropologia comparada torna-se possível, ou mesmo simples. Ela não mais compara as culturas colocando a sua de lado, como se esta possuísse, por um espantoso privilégio, a natureza universal. Ela compara naturezas-culturas. Seriam estas realmente comparáveis? Semelhantes? Iguais? Talvez agora possamos resolver a insolúvel questão do relativismo.

Relativismo

A importação-exportação
das duas Grandes Divisões

"Nós, ocidentais, somos completamente diferentes dos outros", este é o grito de vitória ou a longa queixa dos modernos. A Grande Divisão entre Nós, os ocidentais, e Eles, todos os outros, dos mares da China até o Yucatán, dos inuit aos aborígenes da Tasmânia sempre nos perseguiu. Não importa o que façam, os ocidentais carregam a história nos cascos de suas caravelas e canhoneiras, nos cilindros de seus telescópios e nos êmbolos de suas seringas de injeção. Algumas vezes carregam este fardo do homem branco como uma missão gloriosa, outras vezes como uma tragédia, mas sempre como um destino. Jamais pensam que apenas diferem dos outros como os sioux dos algonquins, ou os baoulés dos lapões; pensam sempre que diferem radicalmente, absolutamente, a ponto de podermos colocar, de um lado, o ocidental, e de outro, todas as outras culturas, uma vez que estas têm em comum o fato de serem apenas algumas culturas em meio a tantas outras. O Ocidente, e somente ele, não seria uma cultura, não apenas uma cultura.

Por que o Ocidente se pensa assim? Por que justamente ele, e apenas ele, seria algo mais que uma cultura? Para compreender a profundidade desta Grande Divisão entre Eles e Nós, é preciso retornar a esta outra Grande Divisão entre os humanos e os não-humanos que defini anteriormente. De fato, *a primeira é a exportação da segunda*. Nós, ocidentais, não podemos ser apenas mais uma cultura entre outras porque mobilizamos também a natureza. Não mais, como fazem as outras sociedades, uma imagem ou representação simbólica da natureza, mas a natureza como ela é, ou ao menos tal como as ciências a conhecem, ciências que permanecem na retaguarda, impossíveis de serem estudadas, jamais estudadas. No centro da questão do relativismo encontra-se, portanto, a questão da ciência. Se os ocidentais houvessem apenas feito comércio ou conquistado, pilhado e escravizado, eles não se distinguiriam radicalmente dos outros comerciantes e conquistadores.

Mas não, inventaram a ciência, esta atividade em tudo distinta da conquista e do comércio, da política e da moral.

Mesmo aqueles que, sob o nome do relativismo cultural, tentaram defender a continuidade das culturas sem ordená-las em uma série progressiva, e sem isolá-las em suas prisões (Lévi-Strauss, 1952), acreditam que só podem fazê-lo aproximando-as o máximo possível das ciências.

> "Foi preciso esperar até o meio deste século", escreveu Lévi-Strauss em O *pensamento selvagem*, "para que os caminhos, tanto tempo separados, se cruzassem: o que tem acesso ao mundo físico pela via da comunicação [o pensamento selvagem], e aquele que, como descobrimos recentemente, tem acesso ao mundo da comunicação pela via da física [a ciência moderna]" (p. 357).
>
> "De uma só vez achava-se superada a falsa antinomia entre mentalidade lógica e mentalidade pré-lógica. O pensamento selvagem é lógico, no mesmo sentido e da mesma forma que o nosso, mas apenas como é o nosso quando aplicado ao conhecimento de um universo cujas propriedades físicas e semânticas ele, pensamento selvagem, reconhece simultaneamente. [...] Alguém fará a objeção de que subsiste uma diferença fundamental entre o pensamento dos primitivos e o nosso: a teoria da informação se interessa por mensagens que são autênticas, enquanto os primitivos tomam por mensagens, erroneamente, simples manifestações do determinismo físico. [...] Ao tratar as propriedades sensíveis do reino animal e do reino vegetal como se fossem elementos de uma mensagem, e ao descobrir neles 'assinaturas' — e portanto, signos —, os homens [do pensamento selvagem] cometeram erros de reconhecimento: o elemento significante nem sempre era aquele que supunham. Mas na falta dos instrumentos avançados que lhes teriam permitido situar-se no lugar em que ele está mais frequentemente, isto é, no nível microscópico, eles já discerniam, 'como em uma nuvem', princípios de interpretação pa-

ra os quais foram necessárias descobertas recentes — telecomunicações, calculadoras e microscópios eletrônicos — que nos revelassem seu valor heurístico e sua congruência com o real" (Lévi-Strauss, 1962, p. 356).

Lévi-Strauss, este advogado generoso, não consegue imaginar outras circunstâncias atenuantes que não a de assemelhar seu cliente às ciências exatas! Se os primitivos não diferem de nós tanto quanto pensamos é porque eles antecipam, com instrumentos inadequados e "erros de reconhecimento", as mais recentes conquistas da teoria da informação, da biologia molecular e da física. As próprias ciências que servem para esta elevação são mantidas fora do jogo, fora da prática, fora do campo. Da forma como a epistemologia as concebe, elas permanecem objetivas e exteriores, quase-objetos expurgados de suas redes. Basta dar aos primitivos um microscópio e eles pensarão exatamente como nós. Como afogar melhor aqueles cujas cabeças desejávamos salvar? Para Lévi-Strauss (assim como para Canguilhem, Lyotard, Girard e a maioria dos intelectuais franceses), este novo conhecimento está totalmente fora da cultura. Esta transcendência permite que todas as culturas sejam relativizadas, tanto as dos outros quanto as nossas. Com a diferença, é claro, que é justamente a nossa, e não a dos outros, que foi construída através da biologia, dos microscópios eletrônicos e das redes de telecomunicações... O abismo que desejávamos atenuar se amplia.

Em algum lugar, em nossas sociedades, e somente nelas, uma transcendência inusitada manifestou-se: a natureza tal como ela é, a-humana, por vezes inumana, sempre extra-humana. Após este acontecimento — quer o situemos na matemática grega, na física italiana, na química alemã, na física nuclear americana, na termodinâmica belga —, passou a haver uma total assimetria entre as culturas que consideram a natureza e aquelas que consideram apenas sua cultura ou as versões deformadas que elas podem ter da matéria. Aqueles que inventam as ciências e descobrem os determinismos físicos não se encontram nunca, a não ser por acidente, nas puras relações humanas. Os outros possuem apenas representações da natureza mais ou menos distorcidas ou codificadas pelas preocupações culturais dos humanos, que os preenchem por inteiro, e apenas por acidente percebem — "como através de uma nuvem" — as coisas tal como são.

Figura 11

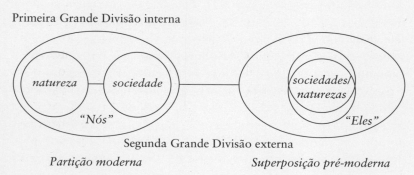

A Grande Divisão interior explica, portanto, a Grande Divisão exterior: apenas nós diferenciamos de forma absoluta entre a natureza e a cultura, entre a ciência e a sociedade, enquanto todos os outros, sejam eles chineses ou ameríndios, zandés ou barouyas, não podem separar de fato aquilo que é conhecimento do que é sociedade, o que é signo do que é coisa, o que vem da natureza, tal como ela é, daquilo que suas culturas requerem. Não importa o que eles fizerem, por mais adaptados, regrados e funcionais que possam ser, permanecerão eternamente cegos por esta confusão, prisioneiros tanto do social quanto da linguagem. Não importa o que nós façamos, por mais criminosos ou imperialistas que sejamos, escapamos da prisão do social ou da linguagem e temos acesso às próprias coisas através de uma porta de saída providencial, a do conhecimento científico. A partição interior de humanos e não-humanos define uma segunda partição, desta vez externa, através da qual os modernos são separados dos pré-modernos. Entre Eles, a natureza e a sociedade, os signos e as coisas são quase coextensivos. Entre nós, ninguém mais deve poder misturar as preocupações sociais e o acesso às coisas mesmas.

A ANTROPOLOGIA VOLTA DOS TRÓPICOS

Quando a antropologia volta dos trópicos para juntar-se à antropologia do mundo moderno, que a espera, inicialmente age com cautela, para não dizer com pusilanimidade. Primeiro, acredita que só pode aplicar seus métodos quando os ocidentais confundem os signos e as coisas da mesma forma que o pensamento selvagem o faz. Ela irá buscar, então, aquilo que mais se assemelha a seus terrenos tradicionais, da forma como a Grande Divisão os definiu. É bem verdade que foi preciso sacrificar o exotismo, mas o preço a pagar é aceitável, uma vez que ela mantém sua distância crítica ao estudar apenas as margens, as fraturas, e tudo aquilo que está para além da racionalidade. A medicina popular, a feitiçaria do Bocage (Favret-Saada, 1977), a vida dos camponeses nos arredores das centrais nucleares (Zonabend, 1989), o comportamento em nossos salões aristocráticos (Le Witta, 1988), são todos terrenos férteis para investigações, por sinal excelentes, porque a questão da natureza ainda não se encontra colocada entre eles.

Contudo, o grande repatriamento não pode parar aí. Ao sacrificar o exotismo, o etnólogo perdeu aquilo que tornava suas pesquisas originais em relação àquelas, dispersas, dos sociólogos, economistas, psicólogos ou historiadores. Sob os trópicos, o antropólogo não se contentava apenas em estudar as margens das outras culturas. Se ele permanecia marginal por vocação e por método, ainda assim era o próprio centro dessas culturas que tencionava reconstituir, seu sistema de crenças, suas técnicas, suas etnociências, seus jogos de poder, suas economias, em suma, a totalidade de sua existência. Se ele volta para casa mas se contenta em estudar os aspectos marginais de sua própria cultura, perde todas as vantagens conquistadas a duras penas pela antropologia, como, por exemplo, Marc Augé que, estudando os habitantes dos pântanos da Costa do Marfim, desejava compreender o fato social da feitiçaria (Augé, 1975), mas que, ao voltar para casa, limita-se a estudar apenas os aspectos mais superficiais do metrô (Augé, 1986) ou do jardim do Luxemburgo. Se ele fosse simétrico, ao invés de estudar alguns grafites nas paredes dos corredores do metrô, teria estudado a rede sociotécnica do próprio metrô, tanto seus engenheiros quanto seus maquinistas, tanto seus diretores quanto seus clientes, o Estado patrão e tudo o mais. Simplesmente, faria em casa o mesmo que sempre fez nos outros lugares. Ao voltarem para casa, os etnólogos não ficariam limitados à periferia. Caso contrário, assimétricos como sempre, eles seriam audaciosos com relação aos outros e tímidos com relação aos seus.

Entretanto, para serem capazes de uma tal liberdade de movimento e de tom, é preciso que vejam com os mesmos olhos as duas Grandes Divisões, considerando-as ambas como uma definição particular de nosso mundo e de suas relações com os outros. Ora, estas Divisões não nos definem e tampouco definem os outros; assim como a Constituição e a temporalidade moderna, tomadas individualmente, as Divisões também não são um instrumento de conhecimento (conforme anteriormente explicado). É portanto preciso contornar as duas Divisões ao mesmo tempo, não acreditando nem na distinção radical de humanos e não-humanos entre nós, e nem na superposição total dos saberes e das sociedades entre os outros.

Imaginemos uma etnóloga que se dirija aos trópicos exportando a Grande Divisão interior. A seus olhos, o povo estudado confunde constantemente o conhecimento do mundo — que, como qualquer bom ocidental, a pesquisadora toma como ciência inata — e as necessidades do funcionamento social. A tribo que a acolhe, portanto, possui apenas uma visão do mundo, uma representação da natureza. Para retomar a famosa expressão de Mauss e Durkheim, esta tribo projeta na natureza suas categorias sociais (Durkheim, 1903). Quando nossa etnóloga explica a seus informantes que deveriam tomar mais cuidado para separar o mundo tal como ele é da representação social que eles lhe dão, ou ficariam chocados ou não a compreenderiam. A etnóloga veria nesta ira e neste mal-entendido a própria prova da obsessão pré-moderna dos informantes. O dualismo no qual ela vive — os humanos de um lado, os não-humanos de outro, os signos de um lado e as coisas de outro — é intolerável para eles. Nossa etnóloga irá concluir que, por razões sociais, esta cultura precisa de uma atitude monista. "Nós comerciamos nossas ideias; a etnóloga faz disso um tesouro."

Relativismo

Vamos supor, agora, que nossa etnóloga volte para casa e tente suprimir a Grande Divisão interior. E vamos supor que, por uma série de felizes coincidências, comece a analisar uma tribo qualquer entre outras, digamos, uma tribo de cientistas ou de engenheiros. A situação agora está invertida, porque ela irá aplicar as lições de monismo que aprendeu no périplo anterior. Sua tribo de sábios acredita que ela é capaz de separar corretamente o conhecimento do mundo e as necessidades da política ou da moral (Traweek, 1988). Entretanto, aos olhos da observadora, esta separação nunca fica muito clara, ou nunca se torna algo mais que o subproduto de uma atividade muito mais misturada, uma bricolagem de laboratório. Seus informantes acreditam ter acesso à natureza, mas a etnógrafa percebe que este acesso é restrito a uma visão, a uma representação da natureza (Pickering, 1980). Esta tribo, assim como a precedente, projeta na natureza suas categorias sociais mas, fato inusitado, acredita não tê-lo feito. Quando a etnóloga explica a seus informantes que eles não podem separar a natureza da representação social que dão a ela, estes ficam chocados ou não a compreendem. Nossa etnóloga vê nessa ira e nesta incompreensão a própria prova de sua obsessão moderna. O monismo no qual ela vive agora — os humanos encontram-se misturados para sempre aos não-humanos — é intolerável para eles. Nossa etnóloga irá concluir que, por razões sociais, eles precisam de uma atitude dualista.

Entretanto, ambas as conclusões estão erradas, porque ela não soube ouvir direito seus informantes. O objetivo da antropologia não é o de escandalizar duplamente ou o de suscitar uma dupla incompreensão. Uma primeira vez, ao exportar a Grande Divisão interior e ao impor o dualismo a culturas que o negariam, e uma segunda vez, ao anular a Divisão exterior e ao impor o monismo a uma cultura, a nossa, que iria negá-lo completamente. A antropologia contorna inteiramente a questão e transforma as duas Grandes Divisões não mais em algo que descreve a realidade — tanto a nossa quanto a dos outros —, mas em algo que define a forma particular que os ocidentais têm de estabelecer suas relações com os outros. Hoje nós podemos evitar esta forma particular porque o próprio desenvolvimento das ciências e das técnicas nos impede de sermos totalmente modernos. Contanto que sejamos capazes de imaginar uma antropologia um pouco diferente.

Não existem culturas

Suponhamos que, tendo voltado de fato dos trópicos, a antropologia decida ocupar uma posição triplamente simétrica: explica com os mesmos termos as verdades e os erros — é o primeiro princípio de simetria; estuda ao mesmo tempo a produção dos humanos e dos não-humanos — é o princípio de simetria generalizada; finalmente, ocupa uma posição intermediária entre os terrenos tradicionais e os novos, porque suspende toda e qualquer afirmação a respeito daquilo que distinguiria os ocidentais dos Outros. É verdade, ela perde o exotismo, mas ganha novos terrenos que lhe permitirão estudar o dispositivo central de todos os coletivos, até mesmo os nossos. Ela perde sua ligação exclusiva com as culturas — ou com as dimensões culturais —, mas ganha as naturezas, o que tem um valor inestimável. As duas posições que situei desde o início deste ensaio — aquela que o etnólogo ocupava sem fazer esforço, e aquela que o analista das ciências pesquisava com tanta dificuldade — podem agora ser superpostas. A análise das redes estende a mão à antropologia e lhe oferece a posição central que havia preparado para ela.

Com isso, a questão do relativismo já se encontra simplificada. Se a ciência, concebida do ponto de vista dos epistemólogos, tornava o problema insolúvel, basta — como tantas outras vezes — mudar a concepção das práticas científicas para que as dificuldades artificiais desapareçam. Aquilo que a razão complica, as redes explicam. A peculiaridade dos ocidentais foi a de ter imposto, através da Constituição, a separação total dos humanos e dos não-humanos — Grande Divisão interior — tendo assim criado artificialmente o choque dos outros. "Como alguém pode ser persa?" Como é possível que alguém não veja uma diferença radical entre a natureza universal e a cultura relativa? *Mas a própria noção de cultura é um artefato criado por nossa suspensão da natureza.* Ora, não existem nem culturas — diferentes ou universais — nem uma

Relativismo

129

natureza universal. Existem apenas naturezas-culturas, as quais constituem a única base possível para comparações. A partir do momento em que levamos em conta tanto as práticas de mediação quanto as práticas de purificação, percebemos que nem bem os modernos separam os humanos dos não-humanos nem bem os "outros" superpõem totalmente os signos e as coisas (Guille--Escuret, 1989).

Posso agora comparar as formas de relativismo seguindo o critério de elas levarem ou não em conta a construção das naturezas. O relativismo absoluto supõe culturas separadas e incomensuráveis que nenhuma hierarquia seria capaz de ordenar. É inútil falar sobre ele, uma vez que ele coloca a natureza entre parênteses. No que diz respeito ao relativismo cultural, mais sutil, a natureza entra em cena, mas para existir ela não supõe nenhuma sociedade, nenhuma construção, nenhuma mobilização, nenhuma rede. Trata-se portanto da natureza revista e corrigida pela epistemologia, para a qual a prática científica continua fora do jogo. Para esta tradição, as culturas estão repartidas como diversos pontos de vista mais ou menos precisos sobre esta natureza única. Algumas sociedades a enxergam "como em uma nuvem", outras em uma névoa espessa, outras em tempo claro. Os racionalistas irão insistir nos aspectos comuns de todos estes pontos de vista, os relativistas na deformação irresistível imposta pelas estruturas sociais a todas as percepções (Hollis e Lukes, 1982). Os primeiros serão derrotados se pudermos mostrar que as culturas não superpõem suas categoriais; os segundos ficarão enfraquecidos se pudermos provar que elas se superpõem (Brown, 1976).

Na prática, contudo, assim que a natureza entra em jogo sem estar ligada a uma cultura em particular, há sempre um terceiro modelo que empregamos por debaixo dos panos, que é o do universalismo que eu chamaria de "particular". Uma das sociedades — sempre a nossa — define o quadro geral da natureza em relação ao qual as outras estarão situadas. É a solução de Lévi-Strauss, que distinguia entre uma sociedade ocidental com acesso à natureza e a própria natureza, miraculosamente conhecida por nossa sociedade. A primeira metade deste argumento permite o relativismo modesto — nós somos apenas uma cultura entre outras —, mas a segunda permite o retorno sub-reptício do universalismo arrogante — continuamos a ser absolutamente diferentes. Não há qualquer contradição, no entanto, aos olhos de Lévi-Strauss, entre as duas metades, já que, justamente, nossa Constituição, e apenas ela, permite distinguir uma sociedade A composta por humanos e uma sociedade A' composta por não-humanos e para sempre afastada da primeira! A contradição só é aparente, hoje, aos olhos da antropologia simétrica. Este último modelo é o fundo comum dos dois outros, o que quer que digam os relativistas, que nunca relativizam nada além das culturas.

Figura 12

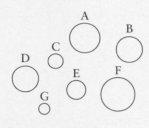

RELATIVISMO ABSOLUTO
Culturas sem hierarquia e sem contatos, todas incomensuráveis; a natureza foi colocada entre parênteses.

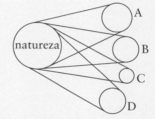

RELATIVISMO CULTURAL
A natureza está presente mas fora das culturas; todas as culturas possuem um ponto de vista mais ou menos preciso sobre ela.

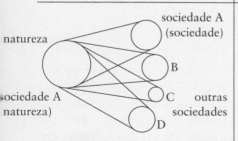

UNIVERSALISMO PARTICULAR
Uma das culturas (A) possui um acesso privilegiado à natureza, o que a separa das outras.

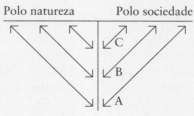

ANTROPOLOGIA SIMÉTRICA
Todos os coletivos constituem naturezas e culturas; apenas a dimensão da mobilização irá variar.

Os relativistas jamais foram convincentes quanto à igualdade das culturas, uma vez que consideram apenas estas últimas. E a natureza? De acordo com eles, ela é a mesma para todos, uma vez que a ciência universal a define. Para escapar a esta contradição, eles precisam então limitar todos os povos a uma simples representação do mundo fechando-os para sempre na prisão de suas sociedades (Wilson, 1970); ou, pelo contrário, reduzir todos os resultados científicos a simples produtos de construções sociais locais e contingentes, a fim de negar à ciência toda e qualquer universalidade (Bloor, 1982, 1983). Imaginar milhares de homens aprisionados em visões deformadas do mundo desde a aurora dos tempos é tão difícil quanto imaginar os neutrinos e os quasares, o DNA e a atração universal enquanto produtos sociais texanos, ingleses ou borgonheses. Ambas as respostas são igualmente absurdas, e é por isto que os grandes debates do relativismo nunca levam a lugar nenhum. É tão impossível universalizar a natureza quanto reduzi--la à perspectiva restrita do relativismo cultural.

A solução surge no mesmo momento em que o artefato das culturas se dissolve. Todas as naturezas-culturas são similares por construírem ao mesmo tempo os seres humanos, divinos e não--humanos. Nenhuma delas vive em um mundo de signos ou de símbolos arbitrariamente impostos a uma natureza exterior que apenas nós conhecemos. Nenhuma delas, e sobretudo não a nossa, vive em um mundo de coisas. Todas distribuem aquilo que receberá uma carga de símbolos e aquilo que não receberá (Claverie, 1990). Se existe uma coisa que todos fazemos da mesma forma é construir ao mesmo tempo nossos coletivos humanos e os não--humanos que os cercam. Alguns mobilizam, para construir seu coletivo, ancestrais, leões, estrelas fixas e o sangue coagulado dos sacrifícios; para construir os nossos, nós mobilizamos a genética, a zoologia, a cosmologia e a hematologia. "Mas estas são ciências", irão gritar os modernos, horrorizados com esta confusão, "é claro que elas escapam completamente às representações da sociedade." Ora, a presença das ciências não é suficiente para romper a simetria, foi o que descobriu a antropologia comparada. Do relativismo cultural, passamos ao relativismo "natural". O primeiro levava a diversos absurdos, o segundo irá permitir que reencontremos o senso comum.

Diferenças de tamanho

Isto não será suficiente para resolver a questão do relativismo. Apenas a confusão criada pela suspensão da natureza se encontra por hora eliminada. Nos encontramos agora em frente a produções de naturezas-culturas que irei chamar de coletivos, para deixar claro que eles são diferentes tanto da sociedade dos sociólogos — os homens-entre-eles — quanto da natureza dos epistemólogos — as coisas-em-si. Aos olhos da antropologia comparada, estes coletivos todos se parecem, como eu já disse, porque repartem ao mesmo tempo os futuros elementos da natureza e os futuros elementos do mundo social. Ninguém jamais ouviu falar de um coletivo que não mobilizaria, em sua composição, o céu, a terra, os corpos, os bens, o direito, os deuses, as almas, os ancestrais, as forças, os animais, as crenças, os seres fictícios... Esta é a antiga matriz antropológica, de onde jamais saímos.

Mas esta matriz comum define apenas o ponto de partida da antropologia comparada. Realmente, todos os coletivos diferem bastante no que diz respeito a como eles repartem os seres, quanto às propriedades que eles lhes atribuem, quanto à mobilização que acreditam ser aceitável. Estas diferenças formam diversas pequenas divisões sem que qualquer Grande Divisão seja visível. Entre estas pequenas divisões, existe uma que nós agora sabemos reconhecer como tal e que distingue a versão oficial de certos segmentos de certos coletivos há mais de três séculos. É nossa Constituição que atribui a um conjunto de entidades o papel de não-humanos, a um outro conjunto o papel de cidadãos, e a um terceiro a função de um Deus árbitro e impotente. Por si mesma, esta Constituição não nos separa mais dos outros, uma vez que vem acrescentar-se à longa lista dos traços diferenciais que compõem a antropologia comparada. Poderíamos fazer disso um conjunto de fichas no grande banco de dados do Laboratório de antropologia social do Collège de France — sendo apenas conveniente mudar seu nome para *Human and Non-Human Relations Area Files*.

Em nossa distribuição das entidades de geometria variável, somos tão diferentes dos achuar quanto estes diferem dos tapirapé ou dos arapesh. Nem mais nem menos. Entretanto, tal comparação respeitaria apenas a produção conjunta de uma natureza e de uma sociedade, apenas um dos aspectos dos coletivos. Satisfaria nosso espírito de justiça mas recairia, por outras vias, no mesmo erro que o relativismo absoluto, uma vez que aboliria imediatamente as diferenças, tornando-as todas igualmente diferentes. Não permitiria dar conta deste outro aspecto que busco desde o início deste ensaio, a amplitude da mobilização, amplitude que é ao mesmo tempo a consequência do modernismo e a causa de seu fim.

Isto porque o objetivo do princípio de simetria não é apenas o de estabelecer a igualdade — esta é apenas o meio de regular a balança no ponto zero — mas também o de registrar as diferenças, ou seja, no fim das contas, as assimetrias, e o de compreender os meios práticos que permitem aos coletivos dominarem outros coletivos. Ainda que sejam semelhantes pela coprodução, todos os coletivos diferem pelo tamanho. No começo da pesagem, uma central nuclear, um buraco na camada de ozônio, um mapa do genoma humano, um metrô sobre rodas, uma rede de satélites, um aglomerado de galáxias não são mais pesados do que uma fogueira de gravetos, o céu que pode cair sobre nossa cabeça, uma genealogia, uma carroça, espíritos visíveis no céu ou uma cosmogonia. Em todos estes casos, estes quase-objetos, com suas trajetórias hesitantes, traçam ao mesmo tempo formas da natureza e formas de sociedades. Mas no fim da medição, o primeiro lote traça um coletivo totalmente diferente do segundo. Também estas diferenças devem ser reconhecidas.

Usando uma metáfora, estas diferenças são de tamanho e de corte. São importantes — e o relativismo erra ao tentar ignorar este fato —, mas são apenas de tamanho e corte — e o universalismo erra ao tentar transformar isto em uma Grande Divisão. Todos os coletivos se parecem, a não ser por sua dimensão, assim como as volutas sucessivas de uma espiral. Que sejam necessários ancestrais e estrelas fixas em um dos círculos, ou genes e quasares em outro, mais excêntrico, isto pode ser explicado pela dimensão dos coletivos em questão. *Um número muito maior de objetos exige muito mais sujeitos. Muito mais subjetividade requer muito mais objetividade.* Se desejamos Hobbes e seus descendentes, precisamos de Boyle e de seus descendentes. Se desejamos o Leviatã, precisamos da bomba de vácuo. É isto que permite respeitar ao mesmo tempo as diferenças (as volutas têm, de fato, dimensões diferentes) e as semelhanças (todos os coletivos misturam da mesma forma as entidades humanas e não-humanas). Os relativistas, que tentam nivelar todas as culturas, transformando-as em codificações igualmente arbitrárias de um mundo natural cuja produção não é explicada, não conseguem respeitar os esforços que os coletivos fazem para dominar uns aos outros. Por outro lado, os universalistas são incapazes de compreender a fraternidade profunda dos coletivos, uma vez que são obrigados a oferecer o acesso à natureza apenas aos ocidentais e a trancar todos os outros em sociedades das quais eles só escaparão caso se tornem cientistas, modernos e ocidentalizados.

As ciências e as técnicas não são notáveis por serem verdadeiras ou eficazes — estas propriedades lhes são fornecidas por acréscimo e por razões outras que não as dos epistemólogos (Latour, 1989a) —, mas sim porque multiplicam os não-humanos envolvidos na construção dos coletivos e porque tornam mais íntima a comunidade que formamos com estes seres. A extensão da espiral, a amplitude dos envolvimentos que irá suscitar e a distância cada vez maior onde irá recrutar estes seres, eis o que caracteriza as ciências modernas e não algum corte epistemológico que romperia de uma vez por todas com seu passado pré-científico. Os saberes e os poderes modernos não são diferentes porque escapam à tirania do social, mas porque acrescentam muito mais híbridos a fim de recompor o laço social e de aumentar ainda mais sua escala. Não apenas a bomba de vácuo, mas também os micróbios, a eletricidade, os átomos, as estrelas, as equações de segundo grau, os autômatos e os robôs, os moinhos e os pistões, o inconsciente e os neurotransmissores. A cada vez, uma nova tradução de quase-objetos reinicia a redefinição do corpo social, tanto dos sujeitos quanto dos objetos. Entre nós, as ciências e as técnicas não refletem a sociedade, assim como a natureza não reflete as estruturas sociais entre os outros. Não se trata de um jogo de espelhos. Trata-se de construir os próprios coletivos em escalas cada vez maiores. É verdade que há diferenças de tamanho. Não há diferenças de natureza — e menos ainda de cultura.

O GOLPE DE ARQUIMEDES

O tamanho relativo dos coletivos irá se modificar profundamente através do envolvimento de um tipo particular de não-humanos. Para compreender esta variação de tamanho, não há símbolo mais impressionante do que a experiência impossível que Plutarco narrou e que constitui, segundo Michel Authier, o "canhão do sábio" (Authier, 1989):

> "Arquimedes havia escrito ao rei Hierão, seu parente e amigo, dizendo que com determinada força é possível mover um certo peso. E dizem que, orgulhoso e convencido do vigor de sua demonstração, ele declarou que se houvesse outra Terra disponível, poderia levantá-la. Hierão, maravilhado, pediu que colocasse a teoria em prática e lhe mostrasse uma grande massa movimentada por uma pequena força. Então [Arquimedes] fez com que fosse levado para terra, ao custo de muitos esforços e de uma enorme mão de obra, um navio de transporte de três mastros da marinha real; fez com que um grande número de homens subissem no navio, além de sua carga habitual, e, sentado à distância, sem esforço, com um gesto tranquilo da mão, acionou uma máquina composta por diversas polias, de forma a deslocar o navio fazendo-o deslizar, sem sobressaltos, como se navegasse sobre o mar. O rei, estupefato e compreendendo o poder da ciência [da técnica], contratou Arquimedes para que este construísse máquinas contra qualquer espécie de sítio, seja para a defesa, seja para o ataque" (*Vie de Marcellus*, trad. Amyot, La Pléiade).

Através da polia composta, Arquimedes inverte não apenas as relações de força como também as relações políticas, oferecendo ao rei um mecanismo real para tornar um homem fisicamente mais forte que uma multidão. Até então, o soberano representava a multidão da qual era o porta-voz, mas nem por isso tornava-se mais forte. Arquimedes fornece ao Leviatã um outro princípio de composição ao transformar a relação de representação política em uma relação de proporção mecânica. Sem a geometria e a estatística, o soberano deveria compor com as forças sociais que o dominam infinitamente. Mas basta que a alavanca da técnica seja acrescentada ao jogo da representação política para que um indivíduo possa tornar-se mais forte que a multidão, para que ele possa atacar e defender-se. Não há nada de espantoso no fato de Hierão ficar "estupefato pela potência da técnica". Ele não havia pensado, até então, em compor a potência política com a polia composta (Latour, 1990a).

Mas a lição de Plutarco vai mais longe. A este primeiro instante no qual Arquimedes torna comensuráveis a força (física) e a força (política) — graças à relação de proporção entre o pequeno e o grande, entre o modelo em escala reduzida e a aplicação em tamanho real —, ele acrescenta um segundo, ainda mais decisivo:

> "Arquimedes possuía um espírito tão elevado e profundo, e havia adquirido um tesouro tão rico de observações científicas, que não quis deixar, a respeito das invenções que lhe deram o renome e a reputação de uma inteligência não humana, mas divina, qualquer anotação escrita; considerava a mecânica e, em geral, todas as artes relacionadas às necessidades da vida como trabalhos manuais vis, e consagrava seu zelo apenas aos objetos cuja beleza e excelência não estavam misturados com nenhuma necessidade material, que não podem ser comparados aos outros, e nos quais a demonstração concorre com o assunto, este fornecendo grandeza e beleza, e a primeira uma exatidão e uma potência sobrenaturais."

Relativismo

A demonstração matemática continua sendo incomensurável com os trabalhos manuais vis, a política vulgar, as simples aplicações. Arquimedes é divino, e a potência da matemática, sobrenatural. Qualquer resto de composição, de conexão, de aliança, de ligação entre os dois momentos, se apaga agora. Até mesmo os escritos devem desaparecer sem deixar vestígios. O primeiro momento produziu um híbrido desconhecido graças ao qual o mais fraco torna-se o mais forte através da aliança que estabelece entre as formas da política e as leis da proporção. O segundo momento purifica e torna impossível a comparação entre a política e a ciência, o império dos homens e o empíreo das matemáticas (Serres, 1989b). O ponto de Arquimedes não deve ser procurado no primeiro momento, mas sim na conjunção dos dois: como fazer política através de novos meios que subitamente tornaram-se comensuráveis com ela, ao mesmo tempo em que é negada qualquer ligação entre atividades absolutamente incomensuráveis? O balanço é positivo, em dois sentidos: Hierão defende Siracusa com a ajuda de máquinas que podem ser dimensionadas, o coletivo aumenta proporcionalmente, mas a origem desta variação de escala, desta comensurabilidade, irá desaparecer para sempre, deixando o Olimpo das ciências como uma fonte de forças novas, sempre disponíveis, nunca visíveis. Sim, a ciência é de fato a política executada por outros meios, os quais só têm força porque permanecem radicalmente outros.

Ao descobrirmos o golpe de Arquimedes — ou antes, de Plutarco —, nós localizamos o ponto de entrada dos não-humanos na fabricação mesma do coletivo. Não se trata de buscar investigar como a geometria "reflete" os interesses de Hierão, ou como a sociedade de Siracusa "encontra-se restringida" pelas leis da geometria. Um novo coletivo é constituído envolvendo a geometria e negando, ao mesmo tempo, que o fez. A sociedade não pode explicar a geometria, uma vez que é uma sociedade nova, "geométrica", que começa quando as muralhas de Siracusa são protegidas de Marcellus. A sociedade "movida pelo poder político" é um artefato obtido através da eliminação das muralhas e das alavancas, das polias e dos gládios, da mesma forma que o contexto social do século XVII na Inglaterra só podia ser obtido mediante a excisão prévia da bomba de vácuo e da física então nascente. É somente quando retiramos os não-humanos misturados pelo coletivo que o resíduo, ao qual chamamos de sociedade, torna-se incompreensível. Nem seu tamanho, nem sua rigidez, nem sua duração têm mais alguma causa. Seria o mesmo que sustentar o Leviatã apenas com os cidadãos nus e o contrato social, sem a bomba de vácuo, sem a espada, sem o gládio, as faturas, os computadores, os relatórios e os palácios (Callon e Latour, 1981; Strum e Latour, 1987; Latour, 1990b). O laço social não se sustenta sem os objetos que o outro ramo da Constituição permite mobilizar ao mesmo tempo em que os torna eternamente incomensuráveis com o mundo social.

RELATIVISMO ABSOLUTO E RELATIVISMO RELATIVISTA

Nem por isso a questão do relativismo está encerrada, mesmo se levarmos em conta ao mesmo tempo a semelhança profunda das naturezas-culturas — a velha matriz antropológica — e a diferença de tamanho —, a amplidão da mobilização destes coletivos. O tamanho, como já disse tantas vezes, está ligado à Constituição moderna. É precisamente porque a Constituição garante que os quase-objetos serão transformados de forma absoluta e irreversível, seja em objetos da natureza exterior, seja em sujeitos da sociedade, que a mobilização destes quase-objetos pode tomar uma amplidão até então desconhecida. A antropologia simétrica deve, portanto, fazer jus a esta particularidade, sem acrescentar a ela nenhum corte epistemológico, nenhuma Grande Divisão metafísica, nenhuma diferença entre sociedades pré-lógicas e lógicas, "frias" e "quentes", entre um Arquimedes envolvido com política e um Arquimedes divino, a testa banhada no céu das Ideias. Toda a dificuldade encontrada neste exercício está em provocar o máximo de diferenças através de um mínimo de meios (Goody, 1979; Latour, 1985).

Os modernos de fato diferem dos pré-modernos porque se recusam a pensar os quase-objetos como tais. Aos olhos modernos, os híbridos são o horror que deve ser evitado a qualquer custo através de uma purificação incessante e maníaca. Por si mesma,

Relativismo

esta diferença na representação constitucional importaria muito pouco, uma vez que não seria suficiente para separar os modernos dos outros. Haveria tantos coletivos quantas fossem as representações. Mas a máquina de criar diferenças é ativada por esta recusa de pensar os quase-objetos, porque ela gera a proliferação inédita de um certo tipo de ser: *o objeto construtor do social, uma vez expulso do mundo social, atribuído a um mundo transcendente que no entanto não é divino, e que produz, por contraste, um sujeito flutuante portador de direito e de moralidade.* A bomba de vácuo de Boyle, os micróbios de Pasteur, a polia composta de Arquimedes são objetos deste tipo. Estes novos não-humanos possuem propriedades miraculosas, uma vez que são ao mesmo tempo sociais e não-sociais, produtores de naturezas e construtores de sujeitos. São os *tricksters* da antropologia comparada. Através desta brecha, as ciências e as técnicas irão irromper de forma tão misteriosa na sociedade que este milagre vai forçar os ocidentais a se pensarem como sendo totalmente diferentes dos outros. O primeiro milagre gera um segundo — por que os outros não fazem o mesmo? — e depois um terceiro — por que nós somos tão excepcionais? É esta característica que irá engendrar, em cascata, todas as pequenas diferenças, as quais serão recolhidas, resumidas e amplificadas pela grande narrativa do Ocidental radicalmente à parte de todas as culturas.

Uma vez que esta característica tenha sido inventariada, e por aí contornada, o relativismo não oferece maiores dificuldades. Nada nos impede de levantar novamente a questão de como os coletivos se relacionam, definindo para tal dois relativismos que até o momento têm sido confundidos. O primeiro é absoluto, e o segundo, relativo. O primeiro trancava as culturas no exotismo e na estranheza, porque aceitava o ponto de vista dos universalistas ao mesmo tempo em que recusava unir-se a ele: se não existe nenhum instrumento de medida comum, único e transcendental, então todas as linguagens são intraduzíveis, todas as emoções incomunicáveis, todos os ritos igualmente respeitáveis, todos os paradigmas incomensuráveis. De gosto e de cor não se discute. Enquanto os universalistas afirmam que esta medida comum existe de fato, os relativistas absolutos ficam felizes por sua não existência. De forma quase eufórica, todos concordam quanto ao fato de que a referência a uma medida absoluta é essencial para a discussão.

Isto equivale a fazer pouco-caso da prática e da própria palavra "relativismo". Estabelecer relações; tornar comensurável; regular instrumentos de medida; instituir cadeias metrológicas; redigir dicionários de correspondências; discutir sobre a compatibilidade das normas e dos padrões; estender redes calibradas; montar e negociar os valorímetros, estes são alguns dos sentidos da palavra "relativismo" (Latour, 1988c). O relativismo absoluto, assim como seu irmão inimigo, o racionalismo, esquecem que os instrumentos de medida devem ser montados e que, ao esquecer o trabalho da instrumentação, não é possível compreender mais nada sobre a própria noção de comensurabilidade. Esquecem mais ainda o enorme trabalho dos ocidentais para "tirarem a medida" dos outros povos tornando-os comensuráveis e criando, através do ferro, do saber e do sangue, padrões de medida que não existiam anteriormente.

Mas para compreender este trabalho da medida, é importante acrescentar o adjetivo ao substantivo. O relativismo relativista traz de volta a compatibilidade que julgávamos perdida. Desfaz, através do adjetivo, a aparente estupidez do substantivo. É verdade contudo que, neste percurso, ele precisa abandonar aquilo que constituía o argumento comum tanto dos universalistas quanto dos primeiros relativistas, ou seja, o absoluto. Ao invés de parar no meio do caminho, ele continua até o fim e reencontra, sob a forma de trabalho e de montagem, de prática e de controvérsia, de conquista e de dominação, a possibilidade de relacionar. Um pouco de relativismo nos afasta do universal; muito relativismo nos traz de volta a ele, mas é um universal em rede que já não possui qualquer propriedade misteriosa.

Os universalistas definiam uma única hierarquia. Os relativistas absolutos tornavam todas elas iguais. Os relativistas relativistas, mais modestos porém mais empíricos, mostram os instrumentos e as cadeias que foram usadas para criar assimetrias e igualdades, hierarquias e diferenças (Callon, 1991). Os mundos só parecem comensuráveis ou incomensuráveis àqueles que ficam presos às medidas já medidas. Porém, todas as medidas, tanto na

Relativismo   141

ciência rígida quanto na ciência flexível, são sempre medidas medidoras e estas constroem uma comensurabilidade que não existia antes que fossem desenvolvidas. Nenhuma coisa é, por si só, redutível ou irredutível a qualquer outra. Nunca por si mesma, mas sempre por intermédio de uma outra que a mede e transfere esta medida à coisa. Como acreditar que os mundos não podem ser traduzidos quando a tradução é o próprio cerne das relações estabelecidas entre eles? Como dizer que os mundos são dispersos quando nós os totalizamos o tempo todo? A própria antropologia, uma ciência entre tantas outras, uma rede entre muitas outras, participa deste trabalho de estabelecimento de relações, de construção de catálogos e de museus, de envio de missões, de expedições e de pesquisadores, de mapas, de questionários e de arquivos (Copans e Jamin, 1978; Fabian, 1983; Stocking, 1986). A etnologia é uma destas medidas medidoras que soluciona na prática a questão do relativismo ao construir, dia após dia, uma certa comensurabilidade. Se a questão do relativismo é insolúvel, o relativismo relativista ou, de forma mais elegante, o relacionalismo, não oferece, por princípio, nenhuma dificuldade. Se deixarmos de ser totalmente modernos, ele irá tornar-se um dos recursos essenciais para relacionar os coletivos, estes que não mais serão objeto de modernização. Servirá de *organon* para a negociação planetária sobre os universais relativos que estamos construindo às apalpadelas.

PEQUENOS ENGANOS
SOBRE O DESENCANTAMENTO DO MUNDO

Realmente somos diferentes dos outros, mas estas diferenças não devem ser colocadas no lugar onde a questão — agora encerrada — do relativismo acreditava ser correto. Enquanto coletivos, somos todos irmãos. Exceto pela dimensão, dimensão que é ela mesma causada por pequenas diferenças na repartição das entidades, podemos perceber um gradiente contínuo entre os pré- e os não-modernos. Infelizmente, a dificuldade do relativismo não resulta apenas da suspensão da natureza. Resulta também de uma crença conexa a esta suspensão, a de que o mundo moderno está realmente desencantado. Não é apenas por arrogância que os ocidentais acreditam ser diferentes dos outros, mas também por desespero e autopunição. Gostam de sentir medo de seu próprio destino. Sua voz treme quando opõem os bárbaros aos gregos, o Centro à Periferia, ao celebrar a Morte de Deus ou a do Homem, a *Krisis* da Europa, o imperialismo, a anomia, ou o fim das civilizações que sabemos, hoje, serem mortais. Por que sentimos tanto prazer em nos percebermos tão diferentes dos outros e também de nosso passado? Que psicólogo terá sutileza suficiente para explicar este deleite moroso por estarmos em crise perpétua e pelo fim da história? Por que adoramos transformar em dramas gigantescos as pequenas diferenças de tamanho entre os coletivos?

Para superar completamente o *páthos* moderno que não nos deixa reconhecer a fraternidade dos coletivos, o que nos permitiria reordená-los livremente, é preciso que a antropologia comparada meça exatamente estes efeitos de tamanho. Contudo, a Constituição moderna nos obriga a confundir os efeitos de dimensionamento de nossos coletivos com suas causas, as quais ela não poderia compreender sem com isso perder a sua eficácia. Justamente espantados com o tamanho dos efeitos, os modernos acreditam que é necessário encontrar causas imensas para ele. E como as únicas causas que a Constituição reconhece são, realmente, miraculosas, uma vez que são invertidas, é necessário que eles acreditem ser diferentes do resto da humanidade. Em suas mãos o ocidental se torna um mutante, desenraizado, aculturado, americanizado, racionalizado, cientificizado, tecnicizado. Chega de chorar sobre o desencantamento do mundo! Não basta o terror que já foi feito em torno do pobre europeu, jogado em um cosmos frio e sem alma, girando em uma terra inerte em um mundo desprovido de sentido? Já não sofremos o bastante diante do espetáculo do proletário mecanizado submetido ao domínio absoluto de um capitalismo técnico, de uma burocracia kafkiana, abandonado em meio aos jogos de linguagem, perdido no concreto e na fórmica? Já não lamentamos por demais o motorista de ônibus que só levanta de seu banco para jogar-se no sofá em frente à televisão onde ele é manipulado por forças midiáticas e pela sociedade de consumo? Como

Relativismo

adoramos vestir a mortalha do absurdo e como gozamos mais ainda com o *nonsense* do pós-moderno!

Entretanto, jamais abandonamos a velha matriz antropológica. Jamais deixamos de construir nossos coletivos com materiais misturados aos pobres humanos e aos humildes não-humanos. Como poderíamos desencantar o mundo, se nossos laboratórios e fábricas criam a cada dia centenas de híbridos, ainda mais estranhos que os anteriores, para povoá-lo? A bomba de vácuo de Boyle por acaso é menos estranha do que a casa dos espíritos arapesh (Tuzin, 1980)? Ela também não constrói a Inglaterra do século XVII? Em que sentido seríamos vítimas do reducionismo, se cada cientista multiplica centenas de vezes as novas entidades quando tenta eliminar algumas delas? Como dizer que somos racionais, se continuamos não enxergando mais que um palmo à frente de nosso nariz? Como dizer que somos materialistas quando cada uma das matérias que inventamos possui novas propriedades que nenhuma outra matéria nos permite unificar? Como poderíamos ser vítimas de um sistema técnico total, quando as máquinas são constituídas por sujeitos e não chegam nunca a fechar-se em algum sistema razoavelmente estável? Como poderíamos ser congelados pelo sopro frio das ciências, quando estas são quentes e frágeis, humanas e controvertidas, cheias de caniços pensantes[2] e de sujeitos que estão, por sua vez, povoados por coisas?

O erro dos modernos quanto a si mesmos é muito fácil de compreender, uma vez que tenhamos restabelecido a simetria e que levemos em conta ao mesmo tempo o trabalho de purificação e o trabalho de tradução. Eles confundiram produtos com processos. Acreditaram que a produção da racionalização burocrática supunha burocratas racionais; que a produção de uma ciência universal dependia de sábios universalistas; que a produção de técnicas eficazes acarretava a eficácia dos engenheiros; que a produção de abstração era em si abstrata, como a de formalismo era em si formal. O que equivale a dizer que uma refinaria produz petróleo de

---

[2] Cf. Pascal, *"L'homme est un roseau pensant"*, um ser frágil, porém capaz de dominar a matéria através de seu pensamento. (N. do T.)

forma refinada, ou que um laticínio produz manteiga de forma leiteira! As palavras "ciência", "técnica", "organização", "economia", "abstração", "formalismo", "universalidade" designam de fato efeitos reais que devemos respeitar e levar em conta. Mas não designam nunca as causas destes efeitos. São bons substantivos, mas maus adjetivos e como advérbios são execráveis. A ciência não é produzida cientificamente, assim como a técnica não o é tecnicamente, a organização organizadamente ou a economia economicamente. Os cientistas da bancada de laboratório, descendentes de Boyle, sabem tudo isto, mas, quando começam a pensar sobre aquilo que fazem, pronunciam as palavras que os sociólogos e os epistemólogos, descendentes de Hobbes, colocam em suas bocas.

O paradoxo dos modernos (e dos antimodernos), é o de ter aceito desde o início explicações cognitivas ou psicológicas gigantescas para explicar efeitos igualmente gigantescos enquanto, em todos os outros domínios científicos, eles procuravam pequenas causas com grandes consequências. O reducionismo nunca foi aplicado ao mundo moderno, embora este mundo acreditasse que o estava aplicando a tudo! Nossa mitologia é exatamente a de nos imaginarmos radicalmente diferentes, antes mesmo que tenhamos procurado pequenas diferenças e pequenas divisões. Contudo, no momento em que a dupla Grande Divisão desaparece, essa mitologia se desmancha com ela. Quando o trabalho de mediação é levado em conta junto com o trabalho de purificação, a humanidade ordinária, a inumanidade ordinária devem retornar. Mas, para nossa grande surpresa, percebemos que sabíamos pouco sobre aquilo que causa as ciências, as técnicas, as organizações e as economias. Abram os livros de ciências sociais e de epistemologia para ver o uso que fazem dos adjetivos e dos advérbios "abstrato", "racional", "sistemático", "universal", "científico", "organizado", "total", "complexo". Procurem então aqueles que tentam explicar os substantivos "abstração", "racionalidade", "sistema", "universal", "ciência", "organização", "totalidade", "complexidade", sem nunca empregar os advérbios e adjetivos anteriores; terão sorte se encontrarem mais do que uma dúzia. Paradoxalmente, sabemos mais sobre os achuar, os arapesh, ou os alladians do que sobre nós mesmos. Enquanto as pequenas causas locais ge-

Relativismo

ram efeitos locais, somos capazes de segui-las. Por que seríamos incapazes de seguir os mil caminhos de estranha topologia que levam do local ao global e retornam ao local? A antropologia estaria para sempre reduzida aos territórios, sem nunca poder seguir as redes?

MESMO UMA REDE EXTENSA
CONTINUA A SER LOCAL EM TODOS OS PONTOS

Para ter uma noção exata quanto às nossas diferenças, sem reduzi-las como antes fazia o relativismo e sem exagerá-las como faziam os modernizadores, digamos que os modernos *simplesmente inventaram as redes extensas através do envolvimento de um certo tipo de não-humanos*. O prolongamento das redes estava interrompido até então e forçava a manutenção de territórios (Deleuze e Guattari, 1972). Mas ao multiplicar esses seres híbridos, meio objetos meio sujeitos, a que chamamos de máquinas e fatos, a topografia dos coletivos mudou. Como o envolvimento destes novos seres gerou efeitos extraordinários de dimensionamento, ao provocar a variação das relações entre o local e o global, embora continuemos a pensá-las com as antigas categorias do universal e do circunstancial, temos tendência a transformar as redes ampliadas dos ocidentais em totalidades sistemáticas e globais. A fim de dissipar esse mistério, basta seguir os caminhos não habituais que possibilitam essa variação de escala e considerar as redes de fatos e leis mais ou menos como as de gás e esgotos.

A explicação profana dos efeitos de tamanho específicos do ocidente é facilmente compreensível nas redes técnicas. Caso o relativismo houvesse sido inicialmente aplicado a elas, não teria a menor dificuldade para entender esse universal relativo que é seu maior troféu. Uma ferrovia é local ou global? Nem uma coisa nem outra. É local em cada ponto, já que há sempre travessias, ferroviários, algumas vezes estações e máquinas para venda automática de bilhetes. Mas também é global, uma vez que pode transportar as pessoas de Madri a Berlim ou de Brest a Vladivostok. No entanto, não é universal o suficiente para poder transportar alguém a todos os lugares. É impossível chegar de trem a Malpy, uma pequena cidade da Auvergne, ou a Market Drayton, pequena cidade de Staffordshire. Só há caminhos contínuos para nos transportar do local ao global, do circunstancial ao universal, do contingente ao necessário se pagarmos o preço das baldeações.

O modelo da ferrovia pode ser estendido a todas as redes técnicas de nossas práticas cotidianas. Ainda que o telefone tenha se disseminado universalmente, sabemos que podemos esperar até a morte ao lado de uma linha caso não estejamos ligados a ela por uma tomada e um número. Por mais que o sistema de esgotos seja abrangente, não é possível provar que o papel de chiclete jogado no chão do meu quarto irá chegar até ele por conta própria. As ondas magnéticas estão em toda parte, mas ainda assim é preciso ter uma antena, uma assinatura e um decodificador para assistir à televisão a cabo. Portanto, no caso das redes técnicas, não temos a menor dificuldade em reconciliar seu aspecto local e sua dimensão global. São compostas de locais particulares, alinhados através de uma série de conexões que atravessam outros lugares e que precisam de novas conexões para continuar se estendendo. Entre as linhas da rede não há nada, a rigor: nem trem, nem telefone, nem dutos, nem televisão. As redes técnicas, como o nome já diz, são redes de caça jogadas sobre espaços e que deles retêm apenas alguns elementos raros. São linhas conectadas, e não superfícies. Nada têm de total, de global, de sistemático, mesmo se elas encerram superfícies sem recobri-las e se se estendem bastante.

O trabalho de universalização relativa continua sendo uma categoria facilmente compreensível que o relacionalismo pode seguir passo a passo. Todas as ramificações, todos os alinhamentos, todas as conexões podem ser documentados e possuem tanto traçadores quanto um custo. É possível estender-se em quase todas as direções, disseminar-se tanto no tempo quanto no espaço, sem contudo preencher o tempo e o espaço (Stengers, 1983). Para as ideias, os saberes, as leis e as competências, o modelo da rede técnica parece inadequado àqueles que ficam tão impressionados com os efeitos de difusão, e que acreditam naquilo que a epistemologia afirma sobre as ciências. Torna-se mais difícil seguir os traçadores, seu custo não pode mais ser documentado claramente e nos arris-

Relativismo

camos a perder o caminho trepidante que leva do local ao global (Callon, 1991). Então, aplicamos a eles a antiga categoria filosófica do universal radicalmente diferente das circunstâncias.

Parece então que as ideias e os conhecimentos podem estender-se em todas as direções gratuitamente. Algumas ideias parecem ser locais, outras, globais. A gravitação universal parece — e estamos convencidos disto — agir e estar presente em todos os lugares. A lei de Boyle ou de Mariotte, como as constantes de Planck, legislam e são constantes em todos os lugares. Quanto ao teorema de Pitágoras e os números transfinitos, parecem ser tão universais que chegariam mesmo a escapar de nosso mundo terreno para juntar-se às obras do divino Arquimedes. É aí que o antigo relativismo e sua cara-metade, o racionalismo, mostram sua face, já que é em relação a estes universais, e somente em relação a eles, que os humildes achuar ou os pobres arapesh ou os infelizes borgonheses parecem ser desesperadamente contingentes e arbitrários, aprisionados para sempre entre os limites estreitos de seus particularismos regionais, de seus saberes locais (Geertz, 1986). Se tivéssemos tido apenas as economias mundiais dos mercadores venezianos, genoveses ou americanos, se tivéssemos tido apenas telefones e televisões, ferrovias e esgotos, a dominação dos ocidentais jamais teria parecido ser outra coisa que não uma extensão provisória e frágil de algumas redes frouxas e tênues. Mas há a ciência, sempre renovando, totalizando e preenchendo os buracos vazios deixados pelas redes, transformando-as em superfícies lisas e unidas, absolutamente universais. Bastou a ideia que até hoje tínhamos sobre a ciência para tornar absoluta uma dominação que teria permanecido relativa. Todas as finas trilhas levando continuamente das circunstâncias aos universais foram rompidas pelos epistemólogos e nos encontramos com algumas pobres contingências, de um lado, e Leis necessárias, de outro — sem que, é claro, fôssemos capazes de pensar suas relações.

Local e global, entretanto, são conceitos bem adaptados às superfícies e à geometria, mas inadequados para as redes e a topologia. A crença na racionalização nada mais é do que um erro de categoria. Um ramo da matemática foi tomado como se fosse outro. O percurso das ideias, dos saberes ou dos fatos teria sido facilmente compreendido caso os houvéssemos tratado como redes técnicas (Shapin e Schaffer, 1985, capítulo VI; Schaffer, no prelo; Warwick, no prelo). Felizmente, esta assimilação foi facilitada, não apenas pelo fim da epistemologia, mas também pelo fim da Constituição, e pelas transformações técnicas que ela permitia sem no entanto compreendê-las. O percurso dos fatos torna-se tão facilmente traçável quanto o das ferrovias ou dos telefones, graças a essa materialização do espírito que as máquinas de pensar e os computadores permitem. Quando medimos as informações em *bits* e *bauds*, quando somos assinantes de um banco de dados, quando estamos conectados ou desconectados de uma rede de inteligência distribuída, é mais difícil continuar fazendo do pensamento universal um espírito flutuando sobre as águas (Lévy, 1990). Hoje, a razão se assemelha muito mais a uma rede de televisão a cabo do que às ideias platônicas. Torna-se mais fácil do que anteriormente, então, ver em nossas leis e nossas constantes, nossas demonstrações e nossos teoremas, objetos estabilizados que circulam bem longe, de fato, mas ainda assim no interior das redes metrológicas bem-arranjadas das quais eles são incapazes de sair — exceto através de ramificações, assinaturas e decodificação.

Para falar de forma vulgar de um assunto que foi idolatrado demais, os fatos científicos são como peixes congelados: a cadeia de resfriamento que os mantém frescos não deve ser interrompida, nem sequer por um instante. O universal em rede produz os mesmos efeitos que o universal absoluto, mas já não possui as mesmas causas fantásticas. É possível comprovar "em todos os lugares" a gravitação, mas com o custo da extensão relativa das redes de medidas e de interpretação. A elasticidade do ar pode ser verificada em toda parte, mas somente quando estamos conectados a uma bomba de vácuo que aos poucos se disseminou pela Europa graças às múltiplas transformações dos experimentadores. Tentem comprovar o mais simples dos fatos, a menor lei, a mais humilde constante, sem antes conectar-se às diversas redes metrológicas, aos laboratórios, aos instrumentos. O teorema de Pitágoras ou a constante de Planck se estendem às escolas e aos foguetes, às máquinas e aos instrumentos, mas não saem de seus mundos, assim como os achuar não saem de suas aldeias (Latour, 1989a, capítulo VI). Os

Relativismo

149

primeiros formam redes alongadas; os segundos, territórios ou espirais; diferença importante e que devemos respeitar, mas nem por isso devemos transformar os primeiros em universais e os segundos em localidades. Claro que o ocidental pode acreditar que a atração universal é universal mesmo à falta de instrumentos, cálculos, decodificações, laboratórios, da mesma forma que os bimin--kuskumin da Nova Guiné podem acreditar que eles são toda a humanidade, mas estas são crenças respeitáveis que a antropologia comparada não precisa mais compartilhar.

O Leviatã é um novelo de redes

Os modernos não só exageraram a universalidade de suas ciências — ao arrancar a fina rede de práticas, instrumentos e instituições que cobria o caminho que levava das contingências às necessidades —, como também, simetricamente, exageraram o tamanho e a rigidez de suas sociedades. Acreditaram que eram revolucionários, porque inventaram a universalidade das ciências, arrancadas para sempre dos particularismos locais, e também porque inventaram organizações gigantescas e racionalizadas que rompiam com todas as lealdades locais do passado. E ao fazerem isso, fracassaram duplamente quanto à originalidade daquilo que estavam inventando: uma nova topologia que permitia atingir quase todos os lugares sem que, para tal, fosse necessário ocupar mais do que estreitas linhas de força. Glorificaram-se por virtudes que não podem possuir — a racionalização —, mas também se flagelaram por pecados que são incapazes de cometer — esta mesma racionalização! Em ambos os casos, tomaram o tamanho ou a conexão como se fossem diferenças de nível. Acreditaram que realmente havia pessoas, pensamentos, situações locais e organizações, leis, regras globais. Acreditaram que havia contextos e outras situações que gozavam da misteriosa propriedade de serem "descontextualizados" ou "deslocalizados". E, de fato, se a rede intermediária formada pelos quase-objetos não for reconstituída, torna-se difícil compreender tanto a sociedade quanto a verdade científica, ambas pelas mesmas razões. Os intermediários que foram apagados sustentavam tudo, enquanto os extremos, uma vez isolados, não são mais nada.

Sem os inúmeros objetos que asseguram tanto sua duração quanto sua rigidez, os objetos tradicionais da teoria social — império, classes, profissões, organizações, Estados — tornam-se misteriosos (Law, 1986a, 1986b; Law e Fyfe, 1988). Qual é, por exemplo, o tamanho da IBM, ou da Brigada Vermelha, ou do ministério francês da Educação, ou do mercado mundial? Certamente são todos atores de grande porte, uma vez que mobilizam milhares ou mesmo milhões de agentes. Sua amplitude deve, portanto, resultar de causas que ultrapassam de forma absoluta os pequenos coletivos do passado. Entretanto, se passearmos pela IBM, se seguirmos a cadeia de comando da Brigada Vermelha, se pesquisarmos nos corredores do ministério da Educação, se estudarmos a compra e venda de um sabonete, não teremos nunca saído de um plano local. Estamos sempre interagindo com quatro ou cinco pessoas; o porteiro possui sempre um território bem delimitado; é quase impossível distinguir as conversas dos diretores daquelas dos empregados; quanto aos vendedores, estão sempre dando o troco e preenchendo formulários. Seriam os macroagentes compostos por microagentes (Garfinkel, 1967)? Seria a IBM composta por uma série de interações locais? E a Brigada Vermelha por um agregado de conversas de cantina? O ministério por uma pilha de papéis? O mercado mundial por uma pletora de escambos locais e de acordos?

Encontramos aqui o mesmo problema que já havíamos encontrado antes, com os trens, os telefones ou as constantes universais. Como conectar-se sem, contudo, tornar-se local ou global? Os sociólogos e os economistas modernos têm toda a dificuldade do mundo em colocar esse problema. Ou permanecem no "micro" e nos contextos interpessoais, ou então passam subitamente para um nível "macro" e só lidam, segundo eles, com racionalidades descontextualizadas e despersonalizadas. O mito da burocracia sem alma e sem agente, assim como o do mercado puro e perfeito, apresenta a imagem simétrica àquela do mito das leis científicas universais. Ao invés da caminhada contínua da pesquisa, os modernos impuseram uma diferença ontológica tão radical quanto

Relativismo

a que separava, no século XVI, o mundo sublunar — vítima da corrupção ou da incerteza — e os mundos supralunares, que não conheciam qualquer alteração ou dúvida. (Por sinal, são estes os mesmos físicos que zombaram de Galileu em relação a essa distinção ontológica, mas que a restabeleceram imediatamente depois de forma a proteger as leis da física de toda e qualquer corrupção social...)

Contudo, existe um fio de Ariadne que nos permitiria passar continuamente do local ao global, do humano ao não-humano. É o da rede de práticas e de instrumentos, de documentos e traduções. Uma organização, um mercado, uma instituição não são objetos supralunares feitos de uma matéria diferente daquela de nossas pobres relações locais sublunares. A única diferença vem do fato de que os primeiros são compostos por híbridos e, para sua descrição, precisam mobilizar um grande número de objetos. O capitalismo de Fernand Braudel ou de Marx não é o capitalismo total dos marxistas (Braudel, 1979). É um novelo de redes um pouco longas que envolvem, mas muito mal, um mundo a partir de pontos que se transformam em centros de cálculo ou de lucro. Seguindo esse novelo de perto jamais seremos capazes de ultrapassar o *limes* misterioso que deveria separar o local do global. A organização da grande empresa americana, tal como é descrita por Alfred Chandler, não é a Organização de Kafka (Chandler, 1989, 1990). É um emaranhado de redes materializadas em faturas e organogramas, em procedimentos locais e acordos particulares, os quais permitem, na verdade, que esta rede seja estendida sobre um continente, mas sob a condição de que, justamente, não cubra este continente. Podemos seguir inteiramente o crescimento de uma organização sem nunca mudar de nível e sem nunca descobrirmos a racionalidade "descontextualizada". O próprio tamanho de um estado totalizante só pode ser obtido através da construção de uma rede de estatísticas e de cálculos, de escritórios e de pesquisas, que não obedece de modo algum à topografia fantástica de um Estado total (Desrosières, 1984). O império tecnocientífico de lorde Kelvin, descrito por Norton Wise (Smith e Wise, 1989), ou o mercado da eletricidade, descrito por Tom Hughes (Hughes, 1983b), nunca nos deixam sair das particularidades dos laboratórios, das salas de reuniões ou das centrais de controle. Contudo, estas "redes de poder" e estas "linhas de força" de fato se estendem pelo mundo inteiro. Os mercados descritos pela economia de convenções são de fato regulados e globais, sem que nenhuma das causas desta regulação e desta agregação seja, em si, global ou total. Os agregados são feitos da mesma madeira que eles agregam (Thévenot, 1989, 1990). Nenhuma mão, visível ou invisível, surge subitamente para colocar ordem nos átomos individuais, dispersos e caóticos. Os dois extremos, local e global, são bem menos interessantes do que os agenciamentos intermediários que aqui chamamos de redes.

O GOSTO DAS MARGENS

Assim como os adjetivos "natural" e "social" designam representações do coletivo que, em si, nada tem de natural ou de social, as palavras "local" e "global" possibilitam pontos de vista sobre redes que não são, por natureza, nem locais nem globais, mas que são mais ou menos longas e mais ou menos conectadas. Aquilo que chamei de exotismo moderno consiste em tomar estas duas duplas de oposições como sendo aquilo que define nosso mundo e que nos colocaria à parte de todos os outros. Quatro regiões diferentes são criadas desta forma. O natural e o social não são compostos dos mesmos ingredientes; o global e o local são intrinsecamente distintos. Mas nós nada sabemos sobre o social além daquilo que é definido pelo que nós acreditamos saber sobre o natural, e vice-versa. Da mesma forma, só definimos o local através das características que acreditamos poder atribuir ao global, e inversamente. É possível, então, compreender a força do engano que o mundo moderno inflige a si mesmo quando as duas duplas são emparelhadas: no meio, não há nada de pensável, nem coletivo, nem rede, nem mediação; todos os recursos conceituais encontram-se acumulados nos quatro extremos. Nós, pobres sujeitos-objetos, humildes sociedades-naturezas, pequenos locais-globais, nos encontramos literalmente esquartejados entre regiões ontológicas que se definem mutuamente mas que não se assemelham mais a nossas práticas.

Figura 13

Esse esquartejamento permite que a tragédia do homem moderno se desenvolva de forma absoluta e irremediavelmente diferente de todas as outras humanidades e de todas as outras naturalidades. Mas uma tragédia deste tipo não é inevitável, se lembrarmos que estes quatro termos são representações sem relação direta com os coletivos e as redes que lhes dão sentido. No meio, onde supostamente nada acontece, quase tudo está presente. E nas extremidades, onde reside, segundo os modernos, a origem de todas as forças, a natureza e a sociedade, a universalidade e a localidade, não há nada além de instâncias purificadas que servem de garantias constitucionais para o conjunto.

A tragédia torna-se ainda mais dolorosa quando os antimodernos, acreditando sinceramente naquilo que os modernos dizem sobre si mesmos, querem resgatar algum bem daquilo que lhes parece ser um naufrágio irremediável. Os antimodernos acreditam profundamente que o Ocidente racionalizou e desencantou o mundo, que ele realmente povoou o social com monstros frios e racionais que estariam saturando todo o espaço, que ele transformou de vez o cosmos pré-moderno em uma interação mecânica de matérias puras. Mas, ao invés de ver nisto, como os modernizadores, conquistas gloriosas — ainda que dolorosas — os antimodernos veem nisto uma catástrofe sem igual. A não ser pelo sinal, tanto modernos quanto antimodernos compartilham integralmente suas convicções. Os pós-modernos, sempre perversos, aceitam a ideia de que estamos realmente em face de uma catástrofe, mas afirmam que devemos comemorar ao invés de lamentarmos isso! Reivindicam a fraqueza como sua última virtude, como afirma um deles em seu estilo inigualável: "A *Verwindung* da metafísica é exercida enquanto *Verwindung* do *Ge-Stell*" (Vattimo, 1987, p. 184).

O que fazem, então, os antimodernos diante deste naufrágio? Encarregam-se da corajosa tarefa de salvar aquilo que pode ser salvo: a alma, o espírito, a emoção, as relações interpessoais, a dimensão simbólica, o calor humano, os particularismos locais, a interpretação, as margens e as periferias. Missão admirável, mas que seria ainda mais admirável caso todos esses cálices sagrados estivessem realmente ameaçados. Mas de onde vem esta ameaça? Certamente não vem dos coletivos, incapazes de deixar suas frágeis e estreitas redes povoadas por almas e objetos. Certamente não das ciências, cuja universalidade relativa deve ser paga, dia após dia, através de ramificações e calibragem, instrumentos e alinhamentos. Certamente não das sociedades, cujo porte só varia quando os seres materiais de ontologias variáveis são multiplicados. De onde ela vem, então? Ora, em parte dos próprios antimodernos e de seus cúmplices, os modernos, que assustam uns aos outros e acrescentam causas gigantescas aos efeitos de tamanho. "Vocês desencantam o mundo, mas eu conservarei os direitos do espírito." "Ah, você quer conservar o espírito? Então nós iremos materializá-lo." "Reducionistas!" "Espiritualistas!" Quanto mais os antirreducionistas, os românticos, os espiritualistas desejam salvar os sujeitos, mais os reducionistas, os cientistas, os materialistas acreditam possuir os objetos. Quanto mais os segundos se vangloriam, mais os outros ficam amedrontados; quanto mais eles ficam assustados, mais os outros realmente acreditam ser aterrorizantes.

A defesa da marginalidade supõe a existência de um centro totalitário. Mas se este centro e sua totalidade são ilusões, o elogio das margens é bastante ridículo. É muito louvável querer defender as reivindicações do corpo que sofre e do calor humano contra a fria universalidade das leis científicas. Mas se essa universalidade advém de diversos lugares nos quais sofrem, em todos os pontos, corpos bem carnais e bem quentes, essa defesa não se torna grotesca? Proteger o homem da dominação das máquinas e dos tecnocratas é uma tarefa digna de elogios, mas se as máquinas são plenas de homens que as saúdam, tal proteção é absurda (Ellul, 1977). Demonstrar que a força do espírito transcende as leis da matéria mecânica é uma tarefa admirável, mas tal programa é uma imbecilidade se a matéria nada tem de material e nem as máquinas nada têm de mecânico. É um belo gesto querer, em um grito desesperado, salvar o Ser justamente quando a abordagem técnica parece dominar tudo, porque "onde há perigo também cresce o que salva". Mas é bastante perverso querer tirar proveito pretensiosamente de uma crise que ainda não começou!

Busquem a origem dos mitos modernos e vocês quase sempre a encontrarão entre aqueles que pretendem opor ao modernismo a barreira intransponível do espírito, da emoção, do sujeito ou da margem. Ao tentar oferecer um suplemento espiritual ao mundo moderno, acabam retirando a alma que ele tem, a que ele tinha, aquela que ele era incapaz de perder. Esta subtração e adição são as duas operações que permitem aos modernos e aos antimodernos de ameaçarem-se mutuamente, ao mesmo tempo em que concordam quanto àquilo que é essencial: somos completamente diferentes dos outros e rompemos para sempre com nosso passado. Mas as ciências e as técnicas, as organizações e as burocracias são a própria prova desta catástrofe sem precedentes e é justamente através delas que nós podemos perceber melhor e de forma mais direta a permanência da velha matriz antropológica. É verdade que a inovação das redes ampliadas é importante, mas isso não nos diz tudo.

Não acrescentar novos crimes aos que já foram cometidos

É contudo muito difícil acalmar o desamparo moderno, pois ele surge a partir de um sentimento que, em si, é respeitável: a consciência de ter cometido crimes irreparáveis contra o resto dos mundos naturais e culturais, e também contra si mesmo, crimes cujo tamanho e os motivos parecem romper com tudo. Como trazer os modernos de volta à humanidade ordinária e à inumanidade ordinária sem, com isso, absolvê-los depressa demais dos crimes dos quais eles, com razão, querem se expiar? Como acreditar, de forma justa, que nossos crimes são hediondos mas que ainda assim são comuns; que nossas virtudes são grandes mas que também elas são muito comuns?

Quanto a nossos crimes, assim como quanto a nosso acesso à Natureza, é preciso não exagerar suas causas enquanto medimos seus efeitos, uma vez que este exagero seria, em si, causa de crimes ainda maiores. Toda totalização, ainda que crítica, beneficia o totalitarismo. Não devemos acrescentar a dominação total à dominação real. Não devemos acrescentar a força à potência (Latour, 1984, 2ª parte). Ao imperialismo real, não devemos permitir o imperialismo total. Ao capitalismo, ele também bastante real, não devemos acrescentar a desterritoralização absoluta (Deleuze e Guattari, 1972). Da mesma forma, não devemos permitir à verdade científica e à eficácia técnica, ainda por cima, a transcendência, também total, e a racionalidade — também absoluta. Tanto para os crimes quanto para a dominação, tanto para os capitalismos quanto para as ciências, é o ordinário que é preciso compreender, as pequenas causas e seus grandes efeitos (Arendt, 1963; Mayer, 1990).

É claro que a diabolização nos é mais satisfatória, já que, mesmo no mal, continuamos sendo excepcionais, separados de todos os outros e de nosso próprio passado, modernos para pior, ao menos, após termos acreditado que o éramos para melhor. Mas a totalização participa sobretudo, por vias tortas, daquilo que ela pretende abolir. Nos torna impotentes diante do inimigo ao qual ela atribui propriedades fantásticas. Não é possível triar um sistema total e liso. Não é possível recombinar uma natureza transcendental e homogênea. Ninguém consegue redistribuir um sistema técnico totalmente sistemático. Ninguém consegue renegociar em uma sociedade kafkiana. Jamais alguém será capaz de redistribuir um capitalista "desterritorializador" e completamente esquizofrênico. Não é possível argumentar sobre um Ocidente radicalmente separado das outras naturezas-culturas. Assim como não é possível avaliar culturas aprisionadas para sempre em representações arbitrárias, completas e coerentes. Ninguém salvará um mundo

Relativismo

que tenha esquecido completamente do Ser. Nenhuma alma poderá reordenar um passado do qual estamos para sempre separados por cortes epistemológicos radicais.

Todos esses suplementos de totalidade são atribuídos, por seus críticos, a seres que pediam bem menos. Vamos tomar como exemplo um empresário, buscando hesitantemente algumas fatias de mercado, um conquistador qualquer tremendo de febre, um pobre cientista fazendo experiências em seu laboratório, um humilde engenheiro agenciando aqui e ali algumas relações de forças favoráveis, um político gago e amedrontado, solte os críticos em cima deles e o que teremos em retorno? O capitalismo, o imperialismo, a ciência, a técnica, a dominação, todos igualmente absolutos, sistemáticos, totalitários. Os primeiros tremiam. Os segundos não tremem mais. Os primeiros podiam ser derrotados. Os segundos não o podem mais. Os primeiros ainda estavam bem próximos do humilde trabalho das mediações frágeis e mutáveis. Os segundos, purificados, tornam-se todos igualmente formidáveis.

O que fazer, então, com estas superfícies lisas e preenchidas, com estas totalidades absolutas? Bem, virar todas elas pelo avesso, subvertê-las, revolucioná-las. Que belo paradoxo! Por seu espírito crítico, os modernos inventaram ao mesmo tempo o sistema total, a revolução total para acabar com ele, e a impossibilidade igualmente total de realizar esta revolução, impossibilidade que os desespera absolutamente! Não é esta a causa de muitos dos crimes de que nos acusamos? Ao levar em conta a Constituição ao invés do trabalho de tradução, os críticos imaginaram que estávamos realmente incapacitados para compromissos, para bricolagens, misturas e triagens. A partir das frágeis redes heterogêneas que formam os coletivos desde sempre, eles elaboraram totalidades homogêneas que não poderíamos tocar sem que, com isso, as revolucionássemos totalmente. E como esta subversão era impossível, mas eles tentaram fazê-la assim mesmo, foram passando de um crime a outro. Como este *Noli me tangere* dos totalizadores ainda seria capaz de passar como uma prova de moralidade? A crença em uma modernidade radical e total levaria, portanto, à imoralidade?

Talvez fosse menos injusto falarmos de um efeito de generalização, ainda que só alguns poucos de nós sejam capazes de senti-

-lo agora. Nascemos depois da guerra, e antes de nós houve os campos negros e depois os campos vermelhos, sob nós a fome, sobre nós o apocalipse nuclear e, à nossa frente, a destruição global do planeta. É de fato difícil negar os efeitos de escala, mas é ainda mais difícil acreditar, sem hesitar, nas virtudes incomparáveis das revoluções políticas, médicas, científicas ou econômicas. E no entanto nascemos no meio das ciências, conhecemos apenas a paz e a prosperidade, e adoramos — devemos confessar isto? — as técnicas e os objetos de consumo que os filósofos e os moralistas das gerações precedentes nos aconselhavam a abominar. Para nós, as técnicas não são novas, e nem modernas no sentido banal da palavra, mas compõem desde sempre nosso mundo. Mais que qualquer outra, nossa geração as digeriu, integrou, ou mesmo humanizou. Isto porque somos os primeiros a não acreditar mais nem nas virtudes nem nos perigos das ciências e das técnicas; somos os primeiros a partilhar seus vícios e virtudes sem neles ver o céu ou o inferno, assim como talvez nos seja mais fácil pesquisar suas causas sem ter que apelar para o fardo do homem branco, para a fatalidade do capitalismo, para o destino europeu, para a história do Ser ou para a racionalidade universal. Talvez nos seja mais fácil, hoje, abandonar a crença em nossa própria estranheza. Não somos exóticos, mas sim ordinários. O que, consequentemente, também faz com que os outros deixem de ser exóticos. São como nós, jamais deixaram de ser nossos irmãos. Não devemos acrescentar o crime de nos acreditarmos radicalmente diferentes a todos os outros que já cometemos.

AS TRANSCENDÊNCIAS ABUNDANTES

Se não somos mais inteiramente modernos, mas nem por isso somos pré-modernos, em que iremos apoiar a comparação dos coletivos? Como sabemos agora, é preciso acrescentar à Constituição oficial o trabalho oficioso da mediação. A comparação da Constituição às culturas descritas pela antiga antropologia assimétrica nos levava apenas ao relativismo e a uma modernização impossível. Por outro lado, quando comparamos o trabalho de tradução

Relativismo

159

dos coletivos, possibilitamos a existência da antropologia simétrica e dissolvemos os falsos problemas do relativismo absoluto. Mas ficamos também desprovidos dos recursos desenvolvidos pelos modernos: o social, a natureza, o discurso, sem falar do Deus barrado. Esta é a última dificuldade do relativismo: agora que a comparação se tornou possível, em que espaço comum todos os coletivos, produtores de naturezas e de sociedades, também se encontram mergulhados?

Estariam eles na natureza? Claro que não, pois esta natureza exterior, homogênea, transcendente, é o efeito relativo e tardio da produção coletiva. Estariam na sociedade? Também não, uma vez que esta é apenas o artefato simétrico da natureza, aquilo que sobra quando arrancamos todos os objetos e criamos a transcendência misteriosa do Leviatã. Estariam na linguagem, então? Impossível, uma vez que o discurso é um outro artefato que só adquire sentido quando colocamos entre parênteses a realidade exterior do referente e o contexto social. Estariam em Deus? Pouco provável, uma vez que a entidade metafísica que é assim chamada ocupa apenas o lugar de um árbitro distante, a fim de manter o mais distante possível as duas instâncias simétricas da natureza e da sociedade. Estariam então no Ser? Menos provável ainda, já que, devido a um paradoxo surpreendente, o pensamento do Ser tornou-se o próprio resíduo, uma vez que toda ciência, toda técnica, toda sociedade, toda história, toda língua, toda teologia foram abandonadas à simples metafísica, ao puro expansionismo do ente. Naturalização, socialização, discursivização, divinização, ontologização, todas estas "-izações" são, elas também, impossíveis. Nenhuma delas forma o fundo comum sobre o qual repousam os coletivos, tornados então comparáveis. Não, não despencamos da natureza para o social, do social para o discurso, do discurso para Deus, de Deus para o Ser. Estas instâncias só tinham uma função constitucional enquanto fossem distintas. Nenhuma delas pode cobrir, preencher, subsumir as outras, nenhuma delas pode servir para descrever o trabalho de mediação ou de tradução.

Onde estamos, então? Em que iremos recair? Enquanto nos colocarmos esta pergunta, é certo que estaremos no mundo moderno, obcecados com a construção de uma imanência (*immanere*:

160   Jamais fomos modernos

residir em) ou na desconstrução de alguma outra. Permanecemos ainda, para usar um termo do vocabulário antigo, na metafísica. Ora, ao percorrer estas redes, não encontramos nada que seja particularmente homogêneo. Permanecemos, antes, em uma infrafísica. Nós somos então imanentes, força entre outras forças, textos entre outros textos, sociedade entre outras sociedades, ente entre os entes?

Também não, uma vez que, se ao invés de ligarmos os pobres fenômenos às amarras sólidas da natureza e da sociedade, deixarmos que os mediadores produzam as naturezas e as sociedades, teremos invertido o sentido das transcendências modernizadoras. Naturezas e sociedades transformam-se nos produtos relativos da história. Contudo, não recaímos apenas na imanência, uma vez que as redes não estão mergulhadas no nada. Não precisamos encontrar um éter misterioso para que elas se propaguem. Não precisamos de preenchimentos. É a concepção dos termos transcendência e imanência que se encontra modificada pelo retorno dos modernos ao não-moderno. Quem disse que a transcendência deveria possuir um oposto? Nós somos, nós permanecemos, *nós jamais abandonamos a transcendência, ou seja, a manutenção na presença através da mediação do envio.*

As outras culturas sempre batem de frente com os modernos devido ao aspecto difuso de suas forças ativas ou espirituais. Elas jamais colocavam em jogo matérias puras ou forças mecânicas puras. Os espíritos e os agentes, os deuses e os ancestrais estavam misturados a tudo. Em contraste, para eles o mundo moderno parecia desencantado, esvaziado de seus mistérios, dominados pelas forças homogêneas da imanência pura à qual apenas nós, humanos, impúnhamos alguma dimensão simbólica e para além das quais existia, talvez, a transcendência do Deus barrado. Ora, se não há imanência, se há somente redes, agentes, actantes, nós não saberíamos ser desencantados. Não somos nós que acrescentamos arbitrariamente a "dimensão simbólica" a forças puramente materiais. Assim como nós, estas também são transcendentes, ativas, agitadas e espirituais. O acesso à natureza não é mais imediato do que à sociedade ou ao Deus barrado. No lugar do jogo sutil dos modernos entre três entidades, em que cada uma era ao mesmo tempo transcendente e imanente, obtemos uma única proliferação de transcendências. Termo polêmico inventado para fazer face à pretensa invasão da imanência, o sentido da palavra deve ser modificado caso não haja mais oposição.

Chamo de delegação esta transcendência sem oposto. A enunciação, ou a delegação ou o envio de mensagem ou de mensageiro permite continuar em presença, ou seja, existir. Quando abandonamos o mundo moderno, não recaímos sobre alguém ou sobre alguma coisa, não recaímos sobre uma essência, mas sim sobre um processo, sobre um movimento, uma passagem, literalmente, um passe, no sentido que esta palavra tem nos jogos de bola. Partimos de uma existência contínua e arriscada — contínua porque é arriscada — e não de uma essência; partimos da colocação em presença e não da permanência. Partimos do *vinculum* em si, da passagem e da relação, aceitando como ponto de partida apenas aqueles seres saídos desta relação ao mesmo tempo coletiva, real e discursiva. Não partimos dos homens, este retardatário, nem da linguagem, mais tardia ainda. O mundo dos sentidos e o mundo do ser são um único e mesmo mundo, o da tradução, da substituição, da delegação, do passe. Diremos, sobre qualquer outra definição de uma essência, que ela é "desprovida de sentido", desprovida de meios para manter-se em presença, para durar. Toda duração, toda rigidez, toda permanência deverá ser paga por seus mediadores. É essa exploração de uma transcendência sem contrário que torna nosso mundo tão pouco moderno, com todos seus núncios, mediadores, delegados, fetiches, máquinas, estatuetas, instrumentos, representantes, anjos, tenentes, porta-vozes e querubins. Que mundo é este que nos obriga a levar em conta, ao mesmo tempo e de uma só vez, a natureza das coisas, as técnicas, as ciências, os seres da ficção, as grandes e pequenas religiões, a política, as jurisdições, as economias e os inconscientes? É justamente o nosso mundo, que deixa de ser moderno a partir do momento em que substituímos cada uma das essências por mediadores, delegados e tradutores que lhe dão sentido. É por isso que ainda não o reconhecemos. Ele parece antiquado com todos esses delegados, anjos e tenentes. E, contudo, ele tampouco se parece com as culturas estudadas pelos etnólogos, uma vez que estes nunca realizaram o trabalho simétrico de convocar delegados, mediadores e tradutores para sua casa, para seu próprio coletivo. A antropologia foi toda feita com base na ciência, ou com base na sociedade, ou com base na linguagem, alternando sempre entre o universalismo e o relativismo cultural, e no fim das contas nos dizia bem pouco tanto sobre "Eles" quanto sobre "Nós".

5.
REDISTRIBUIÇÃO

A MODERNIZAÇÃO IMPOSSÍVEL

Após ter esboçado a Constituição moderna e as razões que a tornaram invencível; após ter mostrado por que a revolução crítica terminou e como a irrupção dos quase-objetos nos obriga, para dar sentido à Constituição, a alternar entre a dimensão única da modernidade e a dimensão não-moderna, que permaneceu presente o tempo todo; após ter restabelecido a simetria entre os coletivos e ter, desta forma, medido suas diferenças de tamanho resolvendo simultaneamente a questão do relativismo, posso agora fechar este ensaio abordando a mais difícil das questões, a do mundo não-moderno no qual pretendo que entremos sem jamais termos realmente saído.

A modernização, mesmo tendo destruído a ferro e sangue quase todas as culturas e naturezas, tinha um objetivo claro. Modernizar permitia enfim distinguir claramente as leis da natureza exterior e as convenções da sociedade. Em toda parte os conquistadores operaram esta partição, reenviando os híbridos seja ao objeto seja à sociedade. Um *front* coerente e contínuo de revoluções radicais, nas ciências, nas técnicas, na administração, na economia, na religião os acompanhava, verdadeira pá de trator atrás da qual o passado desaparecia para sempre, mas na frente da qual se abria ao menos um futuro. O passado era a mistura bárbara; o futuro, a distinção civilizadora. É verdade que os modernos sempre reconheceram que, no passado, também eles misturaram objetos e sociedades, cosmologias e sociologias. Isto porque eram apenas pré--modernos. Conseguiram livrar-se deste passado através de revoluções cada vez mais aterrorizantes. Como as outras culturas ainda misturam as restrições da ciência às necessidades de sua sociedade, era preciso ajudá-las a sair desta confusão através da anulação de seu passado. Os modernizadores sabiam que ilhas de barbárie permanecem nos locais onde a eficácia técnica e o arbitrário social estão por demais misturados. Mas em breve teríamos completado a modernização, liquidado estas ilhas, e estaríamos todos sobre um mesmo planeta, todos igualmente modernos, todos igualmente capazes de tirar proveito das coisas que escapam, para todo o sempre, à sociedade: a racionalidade econômica, a verdade científica, a eficiência técnica.

Alguns modernizadores ainda falam como se tal destino fosse possível e desejável. No entanto, basta descrevê-lo para que seu absurdo se torne claro. Como poderíamos completar enfim a purificação das ciências e das sociedades quando os próprios modernizadores causam a proliferação dos híbridos graças à mesma Constituição que nega sua existência? Durante um longo tempo, essa contradição foi mascarada pelo próprio crescimento dos modernos. Revoluções constantes no Estado, revoluções constantes nas ciências, revoluções constantes nas técnicas iriam terminar absorvendo, purificando e civilizando estes híbridos, através de sua colocação na sociedade ou na natureza. Mas a falência dupla da qual parti, a do socialismo — pátio — e a do naturalismo — jardim! —, tornou o trabalho de purificação mais improvável e a contradição mais visível. Não há mais revoluções em estoque para continuar a fuga para a frente. Os híbridos são tão numerosos que ninguém mais sabe como absorvê-los na antiga terra prometida da modernidade. De onde a súbita hesitação dos pós-modernos.

A modernização foi impiedosa para os pré-modernos, mas o que dizer sobre a pós-modernização? Ao menos a violência imperialista oferecia um futuro, mas esta fraqueza súbita dos conquistadores é muito pior, já que, além de sempre romper com o passado, ela rompe agora com o futuro. Após ter aguentado as chicotadas da realidade moderna, os povos pobres devem agora aguentar a hiper-realidade pós-moderna. Nada mais tem valor, tudo é reflexo, simulacro, signo flutuante — e esta fraqueza, segundo eles, irá quem sabe salvar-nos da invasão das técnicas, das ciências, das razões. Seria preciso destruir tudo para o mais fraco vingar-se? O

Redistribuição

mundo esvaziado no qual evoluem os pós-modernos é um mundo esvaziado por eles, e por eles apenas, porque levaram os modernos ao pé da letra. O pós-modernismo é um sintoma da contradição do modernismo, mas não saberia diagnosticar este último, uma vez que compartilha a mesma Constituição — as ciências e as técnicas são extra-humanas — mas não compartilha mais aquilo que lhe dava força e grandeza — a proliferação dos quase-objetos e a multiplicação dos intermediários entre humanos e não-humanos.

Não é difícil, contudo, formular o diagnóstico, agora que somos obrigados a considerar de forma simétrica o trabalho de purificação e o de mediação. Mesmo durante os piores momentos do *imperium* ocidental, jamais se separou claramente as leis da natureza das convenções sociais. Tratava-se sempre de construir coletivos misturando, em uma escala sempre maior, um certo tipo de não-humanos e um certo tipo de humanos, objetos *à la* Boyle e sujeitos *à la* Hobbes (sem falar do Deus barrado). A inovação das redes extensas é uma particularidade interessante, mas não chega a ser suficiente para nos separar radicalmente dos outros ou nos cortar para sempre de nosso passado. Não precisamos continuar a modernização reunindo nossas forças, ignorando os pós-modernos, trincando os dentes, continuando apesar de tudo a acreditar nas promessas duplas do naturalismo e do socialismo, uma vez que esta modernização jamais começou. Jamais deixou de ser algo além da representação oficial de um outro trabalho muito mais íntimo e profundo, que continua hoje numa escala sempre maior. Também não precisamos lutar contra a modernização — usando a forma militante dos antimodernos ou a decepcionada dos pós-modernos —, uma vez que, neste caso, estaríamos apenas atacando a Constituição, a qual reforçaríamos ainda mais ao ignorar aquilo que, desde sempre, lhe fornece energia.

Será que este diagnóstico possibilita uma solução para a modernização impossível? Caso seja verdade, como eu disse ao longo do ensaio, que a Constituição permita a proliferação dos híbridos porque se recusa a pensá-los como tais, ela só continuaria eficaz enquanto negasse a existência destes híbridos. Ora, se a contradição fecunda entre as duas partes — o trabalho oficial de purificação e o trabalho oficioso de mediação — tornar-se claramente visível, a Constituição não deixaria de ser eficaz? A modernização não se tornaria impossível? Seremos, ou tornaremos a ser, pré-modernos? Devemos resignar-nos a nos tornarmos antimodernos? Ou continuaremos, por falta de opções, a ser modernos, mas sem a fé, à maneira crepuscular dos "pomôs"?

EXAMES DE PROVAÇÃO

Para responder a estas perguntas, devemos antes separar as diversas posições que esbocei ao longo deste ensaio, de forma a construir o não-moderno com o que elas têm de melhor. O que iremos guardar dos modernos? *Tudo, exceto a confiança exclusiva em sua Constituição*, à qual será preciso acrescentar algumas emendas. Sua grandeza vem de terem feito proliferar os híbridos, expandido um certo tipo de rede, acelerado a produção de rastros, multiplicado os delegados, produzido universais relativos através de tentativas e erros. Sua audácia, sua pesquisa, sua inovação, sua bricolagem, sua sandice juvenil, a escala sempre mais ampla de sua ação, a criação de objetos estabilizados independentes da sociedade, a liberdade de uma sociedade livre dos objetos, é isso que queremos manter. Por outro lado, não podemos conservar a ilusão (negativa ou positiva) que eles têm acerca de si mesmos e que desejam generalizar para todos: ateus, materialistas, espiritualistas, teístas, racionais, eficazes, objetivos, universais, críticos, radicalmente diferentes dos outros coletivos, separados de seu passado, cuja sobrevida artificial é mantida unicamente pelo historicismo, separados da natureza sobre a qual o sujeito ou a sociedade imporiam formas arbitrariamente, denunciadores sempre em guerra contra si mesmos.

Estávamos distantes dos pré-modernos devido à Grande Divisão exterior, simples exportação, como já disse, da Grande Divisão interior. Ao acabar com esta última divisão, a outra também desaparece, substituída por diferenças de tamanho. Agora que não estamos mais tão distantes dos pré-modernos, devemos nos perguntar como triá-los também. Conservemos, sobretudo, aquilo que eles têm de melhor, sua aptidão para refletir de forma exclusiva

Redistribuição

sobre a produção dos híbridos de natureza e sociedade, de coisa e signo, sua certeza de que as transcendências abundam, sua capacidade de conceber o passado e o futuro enquanto repetição e renovação, a multiplicação de outros tipos de não-humanos que não os dos modernos. Por outro lado, não poderíamos manter o conjunto dos limites que eles impõem ao dimensionamento dos coletivos, a localização por território, o processo de acusação expiatório, o etnocentrismo e, finalmente, a indiferenciação duradoura entre naturezas e sociedades.

Mas a triagem parece impossível e mesmo contraditória já que o dimensionamento dos coletivos depende do silêncio mantido em relação aos quase-objetos. Como conservar o tamanho, a pesquisa, a proliferação, e ao mesmo tempo tornar explícitos os híbridos? Este é, entretanto, o amálgama que procuro: manter a colocação em natureza e a colocação em sociedade que permitem a mudança de tamanho através da criação de uma verdade exterior e de um sujeito de direito, sem com isso ignorar o trabalho contínuo de construção conjunta das ciências e das sociedades. Usar os pré-modernos para pensar os híbridos, mas conservando, dos modernos, o resultado final do trabalho de purificação, ou seja, a colocação em caixa-preta de uma natureza exterior claramente distinta dos sujeitos. Seguir de forma contínua o gradiente que leva das existências instáveis às essências estabilizadas — e inversamente. Obter o trabalho de purificação, mas como caso particular do trabalho de mediação. Manter todas as vantagens do dualismo dos modernos sem seus inconvenientes — a clandestinidade dos quase-objetos; conservar todas as vantagens do monismo dos pré-modernos sem sofrer suas limitações — a restrição de tamanho devido à confusão durável entre saberes e poderes.

Os pós-modernos sentiram a crise, e portanto também merecem o exame e a triagem. Impossível conservar sua ironia, seu desespero, seu desânimo, seu niilismo, sua autocrítica, uma vez que todas estas belas qualidades dependem de uma concepção do modernismo que o próprio modernismo jamais praticou realmente. Por outro lado, podemos salvar a desconstrução — que, desprovida agora de oposto, torna-se construtivismo e não está mais ligada à autodestruição; podemos manter sua recusa à naturalização —

mas como a própria natureza não é mais natural, esta recusa não mais nos afasta das ciências já prontas, mas antes nos aproxima das ciências em ação; podemos conservar seu forte gosto pela reflexividade — mas como esta propriedade é compartilhada por todos os atores, perde sua característica de paródia para tornar-se positiva; enfim, podemos rejeitar, com eles, a ideia de um tempo coerente e homogêneo que avançaria a passo de ganso — mas sem manter seu gosto pela citação e pelo anacronismo que mantém a crença em um passado realmente ultrapassado. Se tirarmos dos pós-modernos o que eles pensam sobre os modernos, seus vícios tornam-se virtudes, virtudes não-modernas.

Figura 14

	O que conservamos	O que rejeitamos
Dos modernos	*Redes extensas* *Tamanho* *Experimentação* *Universais relativos* *Separação* *da natureza objetiva* *e da sociedade livre*	*Separação da natureza* *e da sociedade* *Clandestinidade* *das práticas de mediação* *Grande Divisão exterior* *Denúncia crítica* *Universalidade, racionalidade*
Dos pré-modernos	*Não-separabilidade* *das coisas e dos signos* *Transcendência* *sem oposto* *Multiplicação* *dos não-humanos* *Temporalidade* *por intensidade*	*Obrigação* *de ligar sempre* *a ordem social e natural* *Mecanismo* *de acusação expiatório* *Etnocentrismo* *Território* *Escala*
Dos pós-modernos	*Tempo múltiplo* *Desconstrução* *Reflexividade* *Desnaturalização*	*Crença no modernismo* *Impotência* *Desconstrução crítica* *Reflexividade irônica* *Anacronismo*

Redistribuição

Infelizmente, não vejo nada nos antimodernos que mereça ser salvo. Sempre na defensiva, acreditaram constantemente naquilo que os modernos diziam de si mesmos para então inverterem violentamente o sinal. Antirrevolucionários, tinham a mesma ideia ridícula que os modernos quanto ao passado e à tradição. Os valores que defendem jamais foram algo além do resíduo deixado por seus inimigos, sem que jamais chegassem a compreender que a grandeza dos modernos residia, na prática, nos valores inversos e, de outra maneira, mais completos. Mesmo em seus combates na retaguarda, não conseguiram inovar, ocupando sempre o banquinho retrátil que lhes era reservado. A seu favor, não se pode nem mesmo dizer que foram capazes de colocar um freio no frenesi dos modernos, dos quais foram sempre, no fundo, os melhores comparsas.

O balanço deste exame não chega a ser desfavorável. Podemos conservar as Luzes sem a modernidade, contanto que reintegremos, na Constituição, os objetos das ciências e das técnicas, quase-objetos entre tantos outros, cuja gênese não deve mais ser clandestina, mas antes acompanhada passo a passo, dos acontecimentos quentes que os originam até este resfriamento progressivo que os transforma em essências da natureza ou da sociedade.

Será possível elaborar uma Constituição que permitiria o reconhecimento oficial deste trabalho? Temos que fazê-lo, uma vez que a modernização ao modo antigo não poderá mais absorver nem os outros povos nem a natureza — ao menos foi esta convicção que originou este ensaio. O mundo moderno, para seu próprio bem, não pode mais estender-se sem voltar a ser aquilo que na prática jamais deixou de ser, ou seja, como todos os outros, um mundo não-moderno. Esta fraternidade é essencial para absorver os dois conjuntos que a modernização revolucionária deixava atrás de si: as multidões naturais que não dominamos mais, as multidões humanas que ninguém mais domina. A temporalidade moderna dava a impressão de uma aceleração contínua, relegando ao vazio do passado massas cada vez maiores de uma mistura de humanos e não-humanos. A irreversibilidade mudou de campo. Se há uma coisa da qual não podemos mais nos livrar é das naturezas e das massas, ambas igualmente globais. A tarefa política recomeça da estaca zero. Foi preciso mudar completamente a fabricação de nossos coletivos para absorver o cidadão do século XVIII e o operário do XIX. Hoje, será preciso uma transformação semelhante para abrir espaço para os não-humanos criados pelas ciências e técnicas.

O HUMANISMO REDISTRIBUÍDO

Antes que possamos emendar a Constituição, devemos deslocar o humano, ao qual o humanismo não faz jus. O sujeito de direito, o cidadão ator do Leviatã, a face perturbadora da pessoa humana, o ser de relações, a consciência, o *cogito*, o homem da fala que busca suas palavras, o hermeneuta, o eu profundo, o você e o você mesmo da comunicação, a presença de si mesmo, a intersubjetividade, são todas figuras magníficas que os modernos souberam desenhar e preservar. Todas, porém, permanecem assimétricas, uma vez que são o contraponto do objeto das ciências, que jaz órfão, abandonado às mãos daqueles que tanto os epistemólogos quanto os sociólogos dizem ser redutores, objetivos, racionais. Onde estão os Mounier das máquinas, os Lévinas dos animais, os Ricoeur dos fatos? Ora, o humano, como podemos compreender agora, só pode ser captado e preservado se devolvermos a ele esta outra metade de si mesmo, a parte das coisas. Enquanto o humanismo for feito por contraste com o objeto abandonado à epistemologia, não compreenderemos nem o humano, nem o não-humano.

Onde situar o humano? Sucessões históricas de quase-objetos quase-sujeitos, é impossível defini-lo através de uma essência, como há muito sabemos. Sua história e sua antropologia são por demasiado diversas para que seja possível fechá-lo definitivamente. Mas a astúcia de Sartre, que o define como uma existência livre que se emancipa de uma natureza desprovida de significação, nos é obviamente proibida, uma vez que devolvemos a ação, a vontade, a significação e mesmo a palavra a todos os quase-objetos. Não existe mais um *prático-inerte* ao qual possamos colar a pura liberdade da existência humana. Opô-lo ao Deus barrado (ou, inversa-

Redistribuição

mente, reconciliá-lo com Ele) é igualmente impossível, uma vez que é justamente em sua comum oposição com a natureza que a Constituição moderna definiu os três. Será então preciso mergulhá--lo na natureza? Mas se fôssemos buscar alguns resultados em determinadas disciplinas científicas para vestir este robô animado com neurônios, com pulsões, com genes egoístas, com necessidades elementares e cálculos econômicos, jamais deixaríamos os monstros e as máscaras. As ciências multiplicam as formas sem com isso conseguir deslocá-las, reduzi-las ou unificá-las. Elas acrescentam realidade, não a subtraem. Os híbridos que inventam no laboratório são ainda mais exóticos que aqueles que pretendem reduzir. Será preciso anunciar solenemente a morte do homem e dissolvê-lo nos jogos de linguagem, reflexo evanescente de estruturas inumanas que escapariam a toda e qualquer compreensão? Claro que não, uma vez que não estamos mais no discurso do que na natureza. De qualquer forma, não há nada que seja suficientemente inumano para que lá possamos dissolver o homem e anunciar sua morte. Suas vontades, suas ações, suas palavras são por demais abundantes. Será então preciso evitar a questão tornando o humano algo de transcendental que nos afastaria para sempre da simples natureza? Seria recair em apenas um dos polos da Constituição moderna. Será preciso estender à força alguma definição provisória e particular inscrita nos direitos do homem ou nos preâmbulos das constituições? Seria traçar de novo as duas Grandes Divisões e acreditar na modernização.

Se o humano não possui uma forma estável, isso não quer dizer que não tenha nenhuma forma. Se, ao invés de o ligarmos a um dos polos da Constituição, nós o aproximarmos do meio, ele mesmo se torna o mediador e o permutador. O humano não é um dos polos da Constituição que se oporia aos não-humanos. As duas expressões de humanos ou de não-humanos são resultados tardios que não bastam mais para designar a outra dimensão. A escala de valores não consiste em fazer deslizar a definição do humano ao longo da linha horizontal que conecta o polo do objeto ao do sujeito, mas sim em fazê-la deslizar ao longo da dimensão vertical que define o mundo não-moderno. Caso seu trabalho de mediação seja revelado, ele toma forma humana. Caso encoberto, iremos falar de inumanidade, ainda que se trate da consciência ou da pessoa moral. A expressão "antropomórfico" subestima nossa humanidade, em muito. Deveríamos falar em morfismo. Nele se entrecruzam os tecnomorfismos, os zoomorfismos, os fisimorfismos, os ideomorfismos, os teomorfismos, os sociomorfismos, os psicomorfismos. São suas alianças e suas trocas que, juntas, definem o *antropos*. Uma boa definição para ele seria a de permutador ou recombinador de morfismos. Quanto mais próximo desta repartição, mais humano ele será. Quanto mais distante, mais ele irá tomar formas múltiplas nas quais sua humanidade rapidamente torna-se impossível de discernir, ainda que suas formas sejam as da pessoa, do indivíduo ou do eu. Quando tentamos isolar sua forma daquelas que ele mistura, não o protegemos — nós o perdemos.

Como ele poderia ser ameaçado pelas máquinas? Ele as criou, transportou-se nelas, repartiu nos membros das máquinas seus próprios membros, construiu seu próprio corpo com elas. Como poderia ser ameaçado pelos objetos? Todos eles foram quase-sujeitos circulando no coletivo que traçavam. Ele é feito destes objetos, tanto quanto estes são feitos dele. É multiplicando as coisas que ele se define a si mesmo. Como poderia ser enganado pela política? Foi ele que a criou, recompondo o coletivo através das controvérsias contínuas sobre a representação que permitem dizer a cada momento o que ele é e o que ele quer. Como ele seria obscurecido pela religião? É através dela que ele se conecta a todos os seus semelhantes, que ele se conhece como pessoa presente nas enunciações. Como poderia ser manipulado pela economia? Sua forma provisória não pode ser definida sem a circulação dos bens e das dívidas, sem a repartição contínua dos laços sociais que nós tecemos pela graça das coisas. Aí está ele, delegado, mediado, repartido, enviado, enunciado, irredutível. De onde vem a ameaça? Em parte daqueles que desejam reduzi-lo a uma essência e que, ao desprezarem as coisas, os objetos, as máquinas, o social, ao cortarem todas as delegações e todos os passes, ao construírem por preenchimento níveis homogêneos e plenos, ao misturarem todas as ordens de serviço, tornam o humanismo uma coisa frágil e preciosa esmagada pela natureza, pela sociedade ou por Deus.

Redistribuição

Os humanistas modernos são redutores, já que tentam relacionar a ação com determinadas potências apenas, transformando o resto do mundo em meros intermediários ou simples forças mudas. Quando redistribuímos a ação entre todos os mediadores perdemos, é verdade, a forma reduzida do homem, mas ganhamos uma outra, que devemos chamar de irreduzida. O humano está no próprio ato de delegação, no passe, no envio, na troca contínua das formas. É claro que ele não é uma coisa, mas as coisas também não são coisas. É claro que ele não é uma mercadoria, mas as mercadorias também não são mercadorias. É claro que ele não é uma máquina, mas aqueles que já viram as máquinas sabem quão pouco maquinais elas são. Claro que ele não pertence a este mundo, mas também este mundo não pertence a este mundo. Claro que ele não está em Deus, mas qual a relação existente entre o Deus do alto e aquele que deveríamos dizer de baixo? O humanismo só pode manter-se dividindo-se entre todos os seus enviados. A natureza humana é o conjunto de seus delegados e de seus representantes, de suas figuras e de seus mensageiros. Este universal do qual falamos, simétrico, vale muito bem o outro, duplamente assimétrico, dos modernos. Esta nova posição, deslocada em relação à do sujeito/sociedade, deve agora ser garantida por emendas na Constituição.

A Constituição não-moderna

Ao longo deste ensaio, simplesmente restabeleci a simetria entre os dois ramos do governo, o das coisas — chamado ciência e técnica — e o dos homens. Mostrei também por que a separação dos poderes entre os dois ramos, após ter possibilitado a proliferação dos híbridos, não mais podia representar dignamente este novo terceiro estado. Uma constituição é julgada de acordo com as garantias que ela oferece. A dos modernos, como estamos lembrados, permitia a manutenção de quatro garantias que só possuíam sentido quando tomadas todas em conjunto, com a condição de permanecerem estritamente separadas. A primeira assegurava a dimensão transcendente da natureza, tornando-a distinta da fabricação da sociedade — contrariamente, portanto, à ligação contínua entre a ordem natural e a ordem social dos pré-modernos. A segunda assegurava a dimensão imanente da sociedade, tornando os cidadãos completamente livres para reconstruírem-na artificialmente — contrariamente à ligação contínua entre a ordem social e a ordem natural que obrigava os pré-modernos a modificar sempre as duas ao mesmo tempo. Mas como esta dupla separação permitia, na prática, mobilizar e construir a natureza — tornada imanente por mobilização e construção — e, inversamente, tornar estável e durável a sociedade — tornada transcendente via o envolvimento de não-humanos cada vez mais numerosos —, uma terceira garantia assegurava o compromisso de separação entre os dois ramos do governo: ainda que passível de mobilização e construção, a natureza continuará não tendo qualquer relação com a sociedade, a qual, ainda que transcendente e mantida pelas coisas, não terá mais uma relação com a natureza. Ou seja, os quase-objetos serão oficialmente banidos — diremos tabus? — e as redes de tradução irão tornar-se clandestinas, oferecendo ao trabalho de purificação uma contrapartida que, entretanto, não cessaremos de pensar e acompanhar — até que os pós-modernos venham obliterá-la por completo. A quarta garantia, a do Deus barrado, permitia que este mecanismo dualista e assimétrico fosse estabilizado, ao assegurar uma função de arbitragem sem que houvesse, contudo, presença e poder.

Para esboçar a Constituição não-moderna, basta levar em conta aquilo que a primeira havia deixado de lado e escolher as garantias que queremos manter. Estamos decididos a dar uma representação para os quase-objetos. Para tanto, precisamos suprimir a terceira garantia, já que era ela que tornava impossível a continuidade da análise destes quase-objetos. A natureza e a sociedade não são dois polos distintos, mas uma só e mesma produção de sociedades-naturezas, de coletivos. A primeira garantia torna-se, portanto, a não-separabilidade dos quase-objetos e dos quase-sujeitos. Qualquer conceito, instituição ou prática que atrapalhar o desdobramento contínuo dos coletivos e sua experimentação de híbridos será tachado como perigoso, nefasto e, a bem da verdade, imoral. O trabalho de mediação torna-se o próprio centro

Redistribuição

do duplo poder natural e social. As redes saem da clandestinidade. O Império do Meio é representado. O terceiro estado, que não era nada, torna-se tudo.

Contudo, não desejamos, como já disse, voltar a ser pré-modernos. A não-separabilidade das naturezas e das sociedades possuía o inconveniente de impossibilitar a experimentação em grande escala, uma vez que toda transformação da natureza devia estar de acordo, ponto a ponto, com uma transformação social. O contrário é igualmente verdadeiro. Ora, nós queremos conservar a maior inovação dos modernos: a separabilidade de uma natureza que ninguém construiu — transcendência — e a liberdade de manobra de uma sociedade que é nossa obra — imanência. Ainda assim, não desejamos herdar a clandestinidade do mecanismo inverso que permite construir a natureza — imanência — e também estabilizar de forma duradoura a sociedade — transcendência.

Mas, ora, podemos conservar as duas primeiras garantias da antiga Constituição sem manter a duplicidade, hoje visível, de sua terceira garantia. A transcendência da natureza, sua objetividade, ou a imanência da sociedade, sua subjetividade, *provêm ambas do trabalho de mediação sem contudo depender de uma separação entre elas, como faz crer a Constituição dos modernos.* O trabalho de colocação em natureza ou de colocação em sociedade é a culminância durável e irreversível do trabalho comum de delegação e de tradução. No fim das contas, há de fato uma natureza que não criamos, e uma sociedade que podemos mudar, há fatos científicos indiscutíveis e sujeitos de direito, mas estes tornam-se a dupla consequência de uma prática continuamente visível, ao invés de serem, como para os modernos, as causas longínquas e opostas de uma prática invisível que os contradiz. Nossa segunda garantia permite, portanto, a recuperação das duas primeiras garantias da Constituição moderna, mas sem separá-las. Todos os conceitos, todas as instituições, todas as práticas que vierem a atrapalhar a objetivação progressiva da natureza — a colocação em caixa-preta — e simultaneamente a subjetivação da sociedade — a liberdade de manobra — serão vistas como nefastas, perigosas e, simplesmente, imorais. Sem esta segunda garantia, as redes libertadas pela primeira manteriam seu caráter selvagem e clandestino. Os modernos não estavam enganados ao quererem não-humanos objetivos e sociedades livres. Apenas era falsa sua certeza de que esta dupla produção exigia a distinção absoluta dos dois termos e a repressão contínua do trabalho de mediação.

A historicidade não encontrava um lugar na Constituição moderna, uma vez que era enquadrada pelas três únicas entidades cuja existência reconhecia. A história contingente só existia para os humanos e a revolução tornava-se, para os modernos, o único meio de compreender seu passado — como mostrei anteriormente —, rompendo totalmente com ele. Mas o tempo não é um fluxo homogêneo e uniforme. Se por um lado ele depende das associações, estas, por outro lado, não dependem dele. Não deve ser mais possível usar o golpe do tempo que passa definitivamente através do agrupamento, em um conjunto coerente, de elementos que pertencem a todos os tempos e todas as ontologias. Se desejamos recuperar a capacidade de triagem que parece ser essencial para nossa moralidade e que define o humano, é preciso que não haja nenhum fluxo temporal coerente limitando nossa liberdade de escolha. A terceira garantia, tão importante quanto as outras, é a de poder combinar livremente as associações sem nunca ter que escolher entre o arcaísmo e a modernização, o local e o global, o cultural e o universal, o natural e o social. A liberdade não se encontra mais apenas no polo social, ela ocupa também o meio e a parte de baixo, tornou-se capacidade de triagem e de recombinação dos imbróglios sociotécnicos. Qualquer novo apelo à revolução, qualquer corte epistemológico, qualquer reviravolta copernicana, qualquer pretensão de ultrapassar para sempre certas práticas, nós os reputaremos como perigosos ou, o que é ainda pior aos olhos dos modernos, ultrapassados.

Mas se eu estou certo quanto à minha interpretação da Constituição moderna, se ela realmente permitiu o desenvolvimento dos coletivos ao proibir oficialmente aquilo que permitia na prática, como é que nós poderemos continuar a fazê-lo, agora que tornamos sua prática visível e oficial? Ao oferecer estas garantias para substituir as anteriores, nós não tornamos impossíveis tanto esta dupla linguagem quanto o crescimento dos coletivos? É exatamente o que desejamos fazer. É desta desaceleração, desta moderação,

Redistribuição

177

desta regulação que esperamos nossa moralidade. A quarta garantia, talvez a mais importante, é a de substituir a louca proliferação dos híbridos pela sua produção regrada e consensual. Talvez tenha chegado a hora de voltar a falar de democracia, mas de uma democracia estendida às próprias coisas. Não podemos cair de novo no golpe de Arquimedes.

Figura 15

Constituição moderna	Constituição não-moderna
Primeira garantia: a natureza é transcendente, porém mobilizável (imanente).	*Primeira garantia: não-separabilidade da produção comum das sociedades e das naturezas.*
Segunda garantia: a sociedade é imanente mas nos ultrapassa infinitamente (transcendente).	*Segunda garantia: acompanhamento contínuo da colocação em natureza, objetiva, e da colocação em sociedade, livre. No fim das contas, há de fato uma transcendência da natureza e imanência da sociedade, mas as duas não estão separadas.*
Terceira garantia: a natureza e a sociedade são totalmente distintas e o trabalho de purificação não está relacionado com o trabalho de mediação.	*Terceira garantia: a liberdade é redefinida como uma capacidade de triagem das combinações de híbridos que não depende mais de um fluxo temporal homogêneo.*
Quarta garantia: o Deus barrado está totalmente ausente, mas assegura a arbitragem entre os dois ramos do governo.	*Quarta garantia: a produção de híbridos, ao tornar-se explícita e coletiva, torna-se objeto de uma democracia ampliada que regula ou desacelera sua cadência.*

Será preciso acrescentar que o Deus barrado, nesta nova Constituição, foi libertado da posição indigna que faziam com que ocupasse? A questão de Deus está reaberta, e os não-modernos não precisam mais tentar generalizar a metafísica improvável dos modernos, que os forçava a crer na crença.

O PARLAMENTO DAS COISAS

Queremos que a triagem meticulosa dos quase-objetos torne--se possível, não mais de forma oficiosa e na surdina, mas sim oficialmente e publicamente. Nesta vontade de trazer à luz, de dar voz e de trazer a público, continuamos a nos reconhecer na intuição das Luzes. Mas esta intuição jamais teve como ambição a antropologia, que separou o humano dos não-humanos e acreditou que os outros não o faziam. Apesar de talvez ter sido necessária para aumentar a mobilização, essa divisão tornou-se supérflua, imoral e, diremos agora, anticonstitucional. Fomos modernos. Tudo bem. Não podemos mais sê-lo do mesmo jeito. Ao emendar a Constituição, continuamos acreditando nas ciências, mas ao invés de encará-las através de sua objetividade, sua verdade, sua frieza, sua extraterritorialidade — qualidades que só tiveram devido ao tratamento arbitrário da epistemologia —, iremos olhá-las através daquilo que elas sempre tiveram de mais interessante: sua audácia, sua experimentação, sua incerteza, seu calor, sua estranha mistura de híbridos, sua capacidade louca de recompor os laços sociais. Apenas retiramos delas o mistério de seu nascimento e o perigo que sua clandestinidade representava para a democracia.

Sim, somos os herdeiros das Luzes, cujo racionalismo assimétrico não basta para nós. Os descendentes de Boyle haviam definido um parlamento dos mudos, o laboratório, onde apenas os cientistas, simples intermediários, falavam em nome das coisas. O que diziam estes representantes? Nada além daquilo que as coisas teriam dito por si mesmas caso pudessem falar. Os descendentes de Hobbes haviam definido, longe do laboratório, a República, onde os cidadãos nus, já que não podiam falar todos ao mesmo tempo, escolhiam para representá-los um dentre eles, o soberano, simples intermediário porta-voz de suas vontades. O que dizia este representante? Nada além daquilo que os cidadãos teriam dito caso pudessem falar todos ao mesmo tempo. Mas há uma dúvida que surge de imediato quanto à qualidade desta dupla tradução. E se os cientistas falassem sobre si mesmos, ao invés de falarem das coisas? E se o soberano seguisse seus próprios interesses, ao invés de recitar o *script* que seus mandantes haviam escrito para ele? No pri-

Redistribuição

meiro caso, perderíamos a natureza e recairíamos nas discussões humanas; no segundo, recairíamos no estado de natureza e na guerra de todos contra todos. Quando definimos uma separação total entre as duas representações, científica e política, a dupla tradução-traição tornava-se possível. Jamais saberemos se os cientistas traduzem ou traem. Jamais saberemos se os mandatários traem ou traduzem.

Durante o período moderno, os críticos sempre se alimentaram destas duas dúvidas, bem como da impossibilidade de solucioná-las. O modernismo, contudo, escolheu este arranjo mas desconfia constantemente destes dois tipos de representantes sem, no entanto, fazer disto um só e mesmo problema. Os epistemólogos se questionaram sobre o realismo científico e a fidelidade das ciências às coisas; os politicólogos se questionaram sobre o sistema representativo e a fidelidade relativa dos eleitos e dos porta-vozes. Todos tiveram em comum o fato de odiarem os intermediários e de desejarem um mundo imediato, esvaziado de seus mediadores. Todos pensaram que este seria o preço a pagar pela fidelidade da representação, sem nunca compreender que a solução para seu problema encontrava-se no outro ramo do governo.

Ao longo deste ensaio, revi esta divisão de tarefas, uma vez que ela não mais permitia construir a casa comum que seria capaz de abrigar as sociedades-naturezas que os modernos nos legaram. Não há dois problemas de representação, apenas um. Não há dois ramos, apenas um único cujos produtos só podem ser distinguidos *a posteriori* e após exame comum. Os cientistas só dão a impressão de trair a realidade exterior porque constroem ao mesmo tempo suas sociedades e suas naturezas. O soberano só parece trair seus mandatários porque mistura ao mesmo tempo os cidadãos e a massa enorme de não-humanos que permite ao Leviatã se sustentar. A desconfiança com relação à representação científica vinha apenas do fato de que, segundo se acreditava, sem a poluição social a natureza seria acessível de forma imediata. A desconfiança com relação à representação política vinha do fato de que, segundo se acreditava, sem a perversão das coisas o laço social se tornaria transparente. "Eliminem o social e vocês terão finalmente uma representação fiel", diziam alguns. "Eliminem os objetos e vocês terão

180   Jamais fomos modernos

finalmente uma representação fiel", afirmavam outros. Todo o seu debate vinha da divisão definida pela Constituição moderna.

Se retomarmos as duas representações e a dúvida dupla quanto à fidelidade dos mandatários, então o Parlamento das coisas estará definido. Em seu recinto encontra-se recomposta a continuidade do coletivo. Não há mais verdades nuas, mas também não há mais cidadãos nus. Os mediadores dispõem de todo o espaço. As Luzes encontraram enfim seu lugar. As naturezas estão presentes, mas com seus representantes, os cientistas, que falam em seu nome. As sociedades estão presentes, mas com os objetos que as sustentam desde sempre. Pouco nos importa que um dos mandatários fale do buraco de ozônio, que um outro represente as indústrias químicas, um terceiro represente os operários destas mesmas indústrias químicas, um quarto os eleitores, um quinto a meteorologia das regiões polares, que um outro fale em nome do Estado; pouco nos importa, contanto que eles se pronunciem todos sobre a mesma coisa, sobre este quase-objeto que criaram juntos, este objeto-discurso-natureza-sociedade cujas novas propriedades espantam todos e cuja rede se estende de minha geladeira à Antártida passando pela química, pelo direito, pelo Estado, pela economia e pelos satélites. Os imbróglios e as redes que não possuíam um lugar possuem agora todo o espaço. São eles que é preciso representar, é em torno deles que se reúne, de agora em diante, o Parlamento das coisas. "A pedra rejeitada pelos construtores tornou-se a pedra angular."

Não teremos que criar inteiramente esse Parlamento, apelando para mais uma revolução. Temos simplesmente que homologar aquilo que todos nós fazemos desde sempre, contanto que repensemos nosso passado, que sejamos capazes de compreender retrospectivamente o quanto nós jamais fomos modernos, e que reajustemos as duas metades desse símbolo partido por Hobbes e Boyle como forma de reconhecimento. Metade de nossa política é feita nas ciências e nas técnicas. A outra metade da natureza se faz nas sociedades. Se reunirmos as duas, a política renasce. É pouco homologar publicamente aquilo que já se faz? Como descobrimos ao longo deste ensaio, a representação oficial é eficaz; foi ela que permitiu, na antiga Constituição, a exploração dos híbridos. Se pu-

Redistribuição

181

déssemos escrever uma nova, modificaríamos profundamente o fluxo dos quase-objetos. É pedir muito de uma mudança de representação que parece apoiar-se apenas no pedaço de papel de uma Constituição? Provavelmente, mas eu realizei meu trabalho de filósofo e de constituinte quando reuni os temas esparsos da antropologia comparada. Outros saberão convocar este parlamento.

Não temos muita escolha. Se não mudarmos a casa comum, não seremos capazes de absorver as outras culturas que não mais podemos dominar, e seremos eternamente incapazes de acolher este meio ambiente que não podemos mais controlar. Nem a natureza nem os Outros irão tornar-se modernos. Cabe a nós mudar nossas formas de mudar. Ou então o Muro de Berlim terá caído em vão no ano miraculoso do Bicentenário, nos oferecendo esta lição ímpar sobre a falência conjunta do socialismo e do naturalismo.

BIBLIOGRAFIA

ARENDT, H. (1963). *Eichmann in Jerusalem: A Report on the Banality of Evil*. Nova York: The Viking Press.

AUGÉ, M. (1975). *Théorie des pouvoirs et idéologie*. Paris: Hermann.

_____ (1986). *Un Ethnologue dans le métro*. Paris: Hachette.

AUTHIER, M. (1989). "Archimède, le canon du savant". In: SERRES, M. (org.). *Éléments d'historie des sciences*. Paris: Bordas, pp. 101-28.

BARTHES, R. (1985). *L'Aventure sémiologique*. Paris: Seuil.

BENSAUDE-VICENT, B. (1989). "Lavoisier: une révolution scientifique". In: SERRES, M. (org.). *Éléments d'historie des sciences*. Paris: Bordas, pp. 363, 386.

BLOOR, D. (1982). *Sociologie de la logique ou les limites de l'épistémologie*. Paris: Éditions Pandore.

_____ (1983). *Wittgenstein and the Social Theory of Knowledge*. Londres: Macmillan.

BOLTANSKI, L. (1990). *L'Amour et la Justice comme compétences*. Paris: A.-M. Métailié.

BOLTANSKI, L.; THÉVENOT, L. (1991). *De la justification: les économies de la grandeur*. Paris: Gallimard.

BONTE, P.; IZARD, M. (orgs.) (1991). *Dictionnaire de l'anthropologie*. Paris: PUF.

BOWKER, G.; LATOUR, B. (1987). "A Booming Discipline Short of Discipline: Social Studies of Science in France". *Social Studies of Science*, v. 17, pp. 715-48.

BRAUDEL, F. (1979). *Civilisation matérielle, économie et capitalisme*. Paris: Armand Colin.

BROWN, R. (1976). "Reference. In Memorial Tribute to Eric Lenneberg". *Cognition*, v. 4, pp. 125-53.

CALLON, M. (1986). "Éléments pour une sociologie de la traduction: la domestication des coquilles Saint-Jacques et des marins pêcheurs en baie de Saint-Brieuc". *L'Année Sociologique*, v. 36, pp. 169-208.

_____ (1991). "Réseaux technico-économiques et irréversibilités". In: BOYER, R.; CHAVANCE, B.; GODARD, O. (orgs.). *Les Figures de l'irréversibilité en économie*. Paris: EHESS, pp. 195-230.

_____ (org.) (1989). *La Science et ses réseaux. Genèse et circulation des faits scientifiques, Anthropologie des sciences et des techniques*. Paris: La Découverte.

CALLON, M.; LATOUR, B. (1981). "Unscrewing the Big Leviathans: How Do Actors Macrostructure Reality". In: KNORR, K.; CICOUREL, A. (orgs.). *Advances in Social Theory and Methodology: Toward an Integration of Micro and Macro Sociologies*. Londres/Nova York: Routledge, pp. 277-303.

_____ (orgs.) (1991). *La Science telle qu'elle se fait: anthologie de la sociologie des sciences de langue anglaise* (ed. revista e ampliada). Paris: La Découverte.

_____ (1992). "Do Not Throw out the Baby with the Bath's School". In: PICKERING, A. (org.). *Science as Practice and Culture*. Chicago: Chicago University Press.

CALLON, M.; LAW, J.; RIP, A. (orgs.) (1986). *Mapping the Dynamics of Science and Technology*. Londres: Macmillan.

CANGUILHEM, G. (1968). *Études d'histoire et de philosophie des sciences*. Paris: Vrin.

CHANDLER, A. D. (1989). *La Main visible des managers: une analyse historique*. Paris: Économica.

_____ (1990). *Scale and Scope: The Dynamics of Industrial Capitalism*. Cambridge: Harvard University Press.

CHATEAURAYNAUD, F. (1991). *La Faute professionnelle*. Paris: A.-M. Metailié.

CLAVERIE, E. (1990). "La Vierge, le désordre, la critique". *Terrain*, v. 14, pp. 60-75.

COHEN, I. B. (1985). *Revolution in Science*. Cambridge: Harvard University Press.

COLLINS, H. (1985). *Changing Order: Replication and Induction*. Londres: Sage.

_____ (1990). "Les Sept sexes: étude sociologique de la détection des ondes gravitationnelles". In: CALLON, M.; LATOUR, B. (orgs.) (1991). *La Science telle qu'elle se fait*. Paris: La Découverte, pp. 262-97.

COLLINS, H.; PINCH, T. (1991). "En paraspychologie, rien ne se passe qui ne soit scientifique". In: CALLON, M.; LATOUR, B. (orgs.). *La Science telle qu'elle se fait*. Paris: La Découverte, pp. 297-343.

COLLINS, H.; YEARLEY, S. (1992). "Epistemological Chicken". In: PICKE-RING, A. (org.). *Science as Practice and Culture*. Chicago: Chicago University Press.

COPANS, J.; JAMIN, J. (1978). *Aux origines de l'anthropologie française*. Paris: Sycomore.

DEBRAY, R. (1991). *Cours de médiologie générale*. Paris: Gallimard.

DELEUZE, G. (1968). *Différence et répétition*. Paris: PUF.

DELEUZE, G.; GUATTARI, F. (1972). *L'Anti-Œdipe: capitalisme et schizo-phrénie*. Paris: Minuit.

DESCOLA, P. (1986). *La Nature domestique: symbolisme et praxis dans l'écologie des Achuar*. Paris: Maison des Sciences de l'Homme.

DESROSIÈRES, A. (1984). "Histoires de formes: statistiques et sciences so-ciales avant 1940". *Revue Française de Sociologie*, v. 26, pp. 277-310.

DURKHEIM, É. (1903). "De quelques formes primitives de classification". *L'Année Sociologique*, v. 6.

ECO, U. (1985). *Lector in fabula: le rôle du lecteur ou la coopération inter-prétative dans les textes narratifs*. Paris: Grasset.

EISENSTEIN, E. (1991). *La Révolution de l'imprimé dans l'Europe des pre-miers temps modernes*. Paris: La Découverte.

ELLUL, J. (1977). *Le Système technicien*. Paris: Calmann-Lévy.

FABIAN, J. (1983). *Time and the Other: How Anthropology Makes its Ob-ject*. Nova York: Columbia University Press.

FAVRET-SAADA, J. (1977). *Les Mots, la mort, les sorts*. Paris: Gallimard.

FUNKENSTEIN, A. (1986). *Theology and the Scientific Imagination from the Middle Ages*. Princeton: Princeton University Press.

FURET, F. (1978). *Penser la révolution française*. Paris: Gallimard.

GARFINKEL, H. (1967). *Studies in Ethnomethodology*. Nova Jersey: Pren-tice Hall.

GEERTZ, C. (1986). *Savoir local, savoir global*. Paris: PUF.

GIRARD, R. (1978). *Des choses cachées depuis la fondation du monde*. Pa-ris: Grasset.

_____ (1983). "La danse de Salomé". In: DUMOUCHEL, P.; DUPUY, J.-P. (orgs.). *L'Auto-organisation de la physique au politique*. Paris: Seuil, pp. 336-52.

GOODY, J. (1979). *La Raison graphique*. Paris: Minuit.

GREIMAS, A. J.; COURTÈS, J. (1979). *Sémiotique. Dictionnaire raisonné de la théorie du langague*. Paris: Hachette.

Bibliografia

GUILLE-ESCURET, G. (1989). *Les Sociétes et leurs natures*. Paris: Armand Colin.

HABERMAS, J. (1987). *Théorie de l'agir communicationnel, 2: Pour une critique de la raison fonctionnaliste*. Paris: Fayard.

_____ (1988). *Le Discours philosophique de la modernité*. Paris: Gallimard.

HACKING, I. (1989). *Concevoir et expérimenter. Thèmes introductifs à la philosophie des sciences expérimentales*. Paris: Christian Bourgois.

HEIDEGGER, M. (1964). *Lettre sur l'humanisme*. Paris: Aubier.

HENNION, A. (1991). *La Médiation musicale*. Tese de doutorado, Paris, EHESS.

HOBBES, T. (1971). *Léviathan. Traité de la matière, de la forme et du pouvoir de la république ecclésiastique et civile*. Paris: Sirey.

HOBSBAWM, E. (org.) (1983). *The Invention of Tradition*. Cambridge: Cambridge University Press.

HOLLIS, M.; LUKES, S. (orgs.) (1982). *Rationality and Relativism*. Oxford: Blackwell.

HORTON, R. (1990a). "La pensée traditionnelle africaine et la science occidentale". In: *La Pensée métisse. Croyances africaines et rationalité occidentale en questions*. Genebra/Paris: Cahiers de l'IUED/PUF, pp. 45-68.

_____ (1990b). "Tradition et modernité revisitées". In: *La Pensée métisse. Croyances africaines et rationalité occidentale en questions*. Genebra/Paris: Cahiers de l'IUED/PUF, pp. 69-126.

HUGHES, T. P. (1983a). "L'électrification de l'Amérique". *Culture Technique*, v. 13, pp. 21-42.

_____ (1983b). *Networks of Power: Eletrification in Western Society, 1880-1930*. Baltimore: The John Hopkins University Press.

HUTCHEON, L. (1989). *The Politics of Postmodernism*. Londres/Nova York: Routledge.

HUTCHINS, E. (1983). "Understanding Micronesian Navigation". In: GETNER, D.; STEVENS, A. (orgs.). *Mental Models*. Londres: Lawrence Erlbaum, pp. 191-225.

LAGRANGE, P. (1990). "Enquête sur les soucoupes volantes". *Terrain*, v. 14, pp. 76-91.

LATOUR, B. (1977). "La répétition de Charles Péguy". In: *Péguy écrivain. Colloque du centenaire*. Paris: Klincksieck, pp. 75-100.

_____ (1984). *Les Microbes, guerre et paix*, seguido de *Irréductions*. Paris: A.-M. Métailié.

_____ (1985). "Les 'Vues' de l'esprit: une introduction à l'anthropologie des sciences et des techniques". *Culture Technique*, v. 14, pp. 4-30.

_____ (1988a). *La Vie de laboratoire*. Paris: La Découverte.

_____ (1988b). "Comment redistribuer le Grand Partage". *La Revue du MAUSS*, n. 1, pp. 27-65.

_____ (1988c). "A Relativist Account of Einstein's Relativity". *Social Studies of Science*, v. 18, pp. 3-44.

_____ (1989a). *La Science en action*. Paris: La Découverte.

_____ (1989b). "Pasteur et Pouchet: hétérogenèse de l'histoire des sciences". In: SERRES, M. (org.). *Éléments d'histoire des sciences*. Paris: Bordas, pp. 423-45.

_____ (1990a). "The Force and Reason of Experiment". In: LE GRAND, H. (org.). *Experimental Inquiries, Historical, Philosophical and Social Studies of Experimentation in Science*. Dordrecht: Kluwer Academic Publishers, pp. 49-80.

_____ (1990b). "Le Prince: machines et machinations". *Futur Antérieur*, n. 3, pp. 35-62.

_____ (1990c). "Sommes-nous postmodernes? Non, amodernes. Étapes vers l'anthropologie des sciences". In: *La Pensée métisse. Croyances africaines et rationalité occidentale en questions*. Genebra/Paris: Cahiers de l'IUED/PUF, pp. 127-55.

_____ (1991). "One More Turn after the Social Turn: Easing Science Studies into the Non-Modern World". In: MCMULLIN, E. (org.). *The Social Dimensions of Science*. Notre Dame: University of Notre Dame Press.

LATOUR, B.; DE NOBLET, J. (orgs.) (1985). "Les 'Vues' de l'esprit: visualisation et connaissance scientifique". Paris, *Culture Technique*, n. 14.

LAW, J. (1986a). "On the Methods of Long-Distance Control: Vessels Navigation and the Portuguese Route to India". In: LAW, J. (org.). *Power, Action and Belief: A New Sociology of Knowledge?* Keele: Sociological Review Monograph, pp. 234-63.

_____ (org.) (1986b). *Power, Action and Belief: A New Sociology of Knowledge?* Keele: Sociological Review Monograph.

LAW, J.; FYFE, G. (orgs.) (1988). *Picturing Power: Visual Depictions and Social Relations*. Keele: Sociological Review Monograph.

LE WITTA, B. (1988). *Ni vue ni connue: approche ethnographique de la culture bourgeoise*. Paris: EHESS.

LÉVI-STRAUSS, C. (1952, reed. 1987). *Race et histoire*. Paris: Denoël.

_____ (1962). *La Pensée sauvage*. Paris: Plon.

LÉVY, P. (1990). *Les Technologies de l'intelligence: l'avenir de la pensée à l'ère informatique*. Paris: La Découverte.

LYNCH, M. (1985). *Art and Artifact in Laboratory Science*. Londres/Nova York: Routledge.

LYNCH, M.; WOOLGAR, S. (orgs.) (1990). *Representation in Scientific Practice*. Cambridge: MIT Press.

LYOTARD, J.-F. (1979). *La Condition postmoderne*. Paris: Minuit.

_____ (1988). "Dialogue pour un temps de crise" (entrevista coletiva). Paris, *Le Monde*, 15 de abril.

MACKENZIE, D. (1990). *Inventing Accuracy: A Historical Sociology of Nuclear Missile Guidance System*. Cambridge: MIT Press.

MAYER, A. (1983). *La Persistance de l'Ancien Régime: l'Europe de 1848 à la Grande Guerre*. Paris: Flammarion.

_____ (1990). *La "Solution finale" dans l'histoire* (prefácio de Pierre Vidal-Naquet). Paris: La Découverte.

NEEDHAM, J. (1991). *Dialogues des civilisations: Chine-Occident*. Paris: La Découverte.

PAVEL, T. (1986). *Univers de la fiction*. Paris: Seuil.

_____ (1988). *Le Mirage linguistique: essai sur la modernisation intellectuelle*. Paris: Seuil.

PÉGUY, C. (1961). "Clio. Dialogue de l'histoire et de l'âme païenne". In: *Œuvres en prose*. Paris: La Pléiade/Gallimard.

PICKERING, A. (1980). "The Role of Interests in High-Energy Physics: The Choice Between Charm and Colour". *Sociology of the Sciences: A Yearbook*, v. 4, pp. 107-38.

_____ (org.) (1992). *Science as Practice and Culture*. Chicago: Chicago University Press.

PINCH, T. (1986). *Confronting Nature: The Sociology of Neutrino Detection*. Dordrecht: Reidel.

ROGOFF, B.; LAVE, J. (orgs.) (1984). *Everyday Cognition: Its Development in Social Context*. Cambridge: Harvard University Press.

SCHAFFER, S. (no prelo). "A Manufactory of Ohms: The Integrity of Victorian Values". *Science in Context* [o artigo foi publicado em BUD, R.; COZZENS, S. (orgs.). *Invisible Connections*. Bellingham, WA: SPIE Press, 1992].

SERRES, M. (1974). *La Traduction (Hermès III)*. Paris: Minuit.

_____ (1987). *Statues*. Paris: François Bourin.

_____ (org.) (1989a). *Éléments d'histoire des sciences*. Paris: Bordas.

_____ (1989b). "Gnomon: les débuts de la géométrie en Grèce". In: SERRES, M. (org.). *Éléments d'histoire des sciences*. Paris: Bordas, pp. 63-100.

_____ (1992). *Éclaircissements*. Paris: F. Bourin.

SHAPIN, S. (1991a). "Une pompe de circonstance: la technologie littéraire de Boyle". In: CALLON, M.; LATOUR, B. (orgs.). *La Science telle qu'elle se fait*. Paris: La Découverte, pp. 37-86.

_____ (1991b). "Le technicien invisible". *La Recherche*, v. 230, pp. 324-34.

SHAPIN, S.; SCHAFFER, S. (1985). *Leviathan and the Air-Pump*. Princeton: Princeton University Press.

SMITH, C.; WISE, N. (1989). *Energy and Empire: A Biographical Study of Lord Kelvin*. Cambridge: Cambridge University Press.

STENGERS, I. (1983). *États et processus*. Tese de doutorado, Université Libre de Bruxelles.

STOCKING, G. W. (org.) (1986). *Objects and Others: Essays on Museums and Material Cultures*.

STRUM, S.; LATOUR, B. (1987). "The Meanings of Social: From Baboons to Humans". *Information sur les Sciences Sociales*, v. 26, pp. 783-802.

THÉVENOT, L. (1989). "Équilibre et rationalité dans un univers complexe". *Revue Économique*, v. 2, pp. 147-97.

_____ (1990). "L'Action qui convient: les formes de l'action". *Raison Pratique*, v. 1, pp. 39-69.

TRAWEEK, S. (1988). *Beam Times and Life Times: The World of High Energy Physicists*. Cambridge: Harvard University Press.

TUZIN, D. F. (1980). *The Voice of the Tambaran: Truth and Illusion in the Iharita Arapesh Religion*. Berkeley: University of California Press.

VATTIMO, G. (1987). *La Fin de la modernité: nihilisme et herméneutique dans la culture postmoderne*. Paris: Seuil.

WARWICK, A. (no prelo). "Cambridge Mathematics and Cavendish Physics: Cunningham, Campbell and Einstein's Relativity 1905-1911". *Science in Context* [o artigo foi publicado em duas partes na revista *Studies in History and Philosophy of Science*, vol. 23, nº 4, dez. 1992, e vol. 24, nº 1, mar. 1993].

WILSON, B. R. (1970). *Rationality*. Oxford: Blackwell.

ZONABEND, F. (1989). *La Presqu'île au nucléaire*. Paris: Odile Jacob.

SOBRE O AUTOR

Bruno Latour nasceu em 1947 em Beaune, cidade da região da Borgonha, na França. Formado em filosofia e antropologia, foi, entre 1982 e 2006, professor do Centre de Sociologie de l'Innovation na École Nationale Supérieure des Mines em Paris, além de professor visitante na University of California San Diego, na London School of Economics e em Harvard. Atualmente leciona na Sciences Po Paris e no Zentrum für Kunst und Medien de Karlsruhe, na Alemanha. Em 2013 recebeu o Holberg International Memorial Prize, por sua contribuição à sociologia e às ciências humanas. É autor dos seguintes livros:

Laboratory Life: The Social Construction of Scientific Facts (com Steve Woolgar, 1979)
Les Microbes: guerre et paix seguido de *Irréductions* (1984)
Science in Action: How to Follow Scientists and Engineers through Society (1987)
Nous n'avons jamais été modernes: essai d'anthropologie symétrique (1991)
Aramis ou l'amour des techniques (1992)
Éclaircissements (entrevistas com Michel Serres, 1992)
La Clef de Berlin et autres leçons d'un amateur de sciences (1993)
Pasteur, une science, un style, un siècle (1994)
Le Métier de chercheur: regard d'un anthropologue (1995)
Petite réflexion sur le culte moderne des dieux faitiches (1996)
Petites leçons de sociologie des sciences (1996)
Paris, ville invisible (com Emilie Hermant, 1998)
Pandora's Hope: An Essay on the Reality of Science Studies (1999)
Politiques de la nature: comment faire entrer les sciences en démocratie (1999)
Jubiler ou les difficultés de l'énonciation religieuse (2002)
La Fabrique du droit: une ethnographie du Conseil d'État (2002)
Un Monde pluriel mais commun (entrevistas com François Ewald, 2003)
Reassembling the Social: An Introduction to Actor-Network Theory (2005)

De la science à la recherche: chroniques d'un amateur de sciences (2006)

L'Économie, science des intérêts passionnés (com Vincent Lépinay, 2008)

Sur le culte moderne des dieux faitiches (2009)

Cogitamus: six lettres sur les humanités scientifiques (2010)

Enquêtes sur les modes d'existence: une anthropologie des modernes (2012)

Face à Gaïa: huit conférences sur le nouveau régime climatique (2015)

Où atterrir? Comment s'orienter en politique (2017)

Imaginer les gestes barrières contre le retour à la production d'avant-crise/Nous ne vivons pas sur la même planète: un conte de Noël (2020)

Où suis-je? Leçons du confinement à l'usage des terrestres (2021)

Mémo sur la nouvelle classe écologique (com Nikolaj Schultz, 2022)

Trilogie terrestre (com Frédérique Aït-Touati, 2022)

La religion à l'épreuve de l'écologie, suivi de Exégèse et ontologie (2024)

ESTE LIVRO FOI COMPOSTO EM SABON,
PELA BRACHER & MALTA, COM CTP DA
NEW PRINT E IMPRESSÃO DA GRAPHIUM
EM PAPEL PÓLEN NATURAL 80 G/M² DA
CIA. SUZANO DE PAPEL E CELULOSE PARA
A EDITORA 34, EM FEVEREIRO DE 2025.